LIBRO DE TRABAJO

Curso de español basado en el enfoque por tareas

Ernesto Martín Peris
Pablo Martínez Gila
Neus Sans Baulenas

1

gente

Nueva Edición

gente
Nueva Edición

Libro de trabajo 1

Autores:
Ernesto Martín Peris
Pablo Martínez Gila
Neus Sans Baulenas

Coordinación editorial y redacción: Montse Belver y Agustín Garmendia
Corrección: Eulàlia Mata

Diseño y dirección de arte: Ángel Viola
Maquetación: David Portillo
Ilustraciones: Pere Virgili / Ángel Viola
Diseño de portada: Enric Font

Asesores internacionales:
MERCEDES RODRÍGUEZ CASTRILLÓN, y CARMEN RAMOS, Universidad de Wuerzburg, Alemania; MARÍA SOLEDAD GÓMEZ, Instituto Hispanohablantes de Porto Alegre, Brasil; MANUELA GIL-TORESANO, Instituto Cervantes, Madrid, España; EDITH AURRECOECHEA MONTENEGRO y CARMEN SORIANO ESCOLAR, International House Barcelona, España; BIBIANA TONNELIER, Escuela Aprender de Atenas, Grecia; GIOVANNA BENETTI, Liceo Scientifico F. Cecioni de Livorno, Italia; EMILIA DI GIORGIO, Istituto Magistrale Statale A. Manzoni, Italia; MARINA RUSSO, I.T.C.G. Federico Caffé, Roma, Italia; VICTORIA CAÑAL, Centro Español Lorca, Glasgow, Reino Unido; Equipo de profesores del Instituto Cervantes de Estambul, Turquía.

Fotografías:
MARC JAVIERRE: portada; MIGUEL RAURICH: página 9 (Sevilla y Tarragona); EMBAJADA DE COLOMBIA EN ESPAÑA: página 93 (Bogotá).

Infografía: Pere Arriaga / Angels Soler

Material auditivo (CD y transcripciones):
Voces: Silvia Alcaide, España; Maribel Álvarez, España; José Antonio Benítez, España; Ana Cadiñanos, España; Fabián Fattore, Argentina; Laura Fernández, Cuba; Montserrat Fernández, España; Isabel Iglesias, España; Paula Lehner, Argentina; Oswaldo López, España; Gema Miralles, España; Pilar Morales, España; Pepe Navarro, España; Lola Oria, España; Kepa Paul, España: Begoña Pavón, España; Mª Carmen Rivera, España; Felix Ronda, Cuba; Rosa María Rosales, México; Amalia Sancho, España; Clara Segura, España; Víctor J. Torres, España; Lisandro Vela, Argentina; Carlos Vicente, España; Armand Villén, España.
Música: Juanjo Gutiérrez.
Grabación: Estudios 103 y CYO Studios, Barcelona.

(versión internacional) ISBN: 978-84-8443-139-8
(versión brasileña) ISBN: 978-84-8443-210-4
(versión francesa) ISBN: 978-84-8443-209-8
(versión griega) ISBN: 978-84-8443-212-8
(versión holandesa) ISBN: 978-90-5451-542-5
(versión húngara) ISBN: 978-963-9572-29-4
(versión inglesa) ISBN: 978-84-8443-208-1
(versión italiana) ISBN: 978-88-6964-267-8
(versión polaca) ISBN: 978-83-89427-08-3

Depósito Legal: B-525-2004

Nueva edición revisada (noviembre 2006)

Impreso en España por Tallers Gràfics Soler S.A.

difusión
Centro de
Investigación y
Publicaciones
de Idiomas, S. L.

C/Trafalgar, 10, entlo. 1ª
08010 Barcelona
Tel. (+34) 93 268 03 00
Fax (+34) 93 310 33 40
editorial@difusion.com

www.difusion.com

Este *Libro de trabajo* tiene como finalidad primordial consolidar los conocimientos y las destrezas lingüísticas que se han desarrollado con las actividades del *Libro del alumno*, del cual es complemento imprescindible. Para ello proporciona ejercicios, en su mayor parte de ejecución individual, centrados en aspectos particulares del sistema lingüístico (fonética, morfosintaxis, vocabulario, ortografía, estructuras funcionales, discursivas y textuales, etc.) que se practican en las actividades del *Libro del alumno*.

Esta nueva edición de GENTE 1 *Libro de trabajo* contiene, además de los ejercicios correspondientes a las once unidades del *Libro del alumno*, la novela-cómic *Gente que lee*, que hasta ahora publicábamos de manera independiente, y un **CD audio** con las audiciones de los ejercicios de este libro.

Por otra parte, al igual que en el *Libro del alumno*, hemos querido resaltar aquellas actividades que reflejan los aspectos metodológicos que propugna el **Marco común europeo de referencia para las lenguas**. Para ello, hemos marcado una serie de actividades con el icono Portfolio 📖. Se trata, por un lado, de actividades de autoevaluación y de reflexión sobre las estrategias de aprendizaje que ayudarán al alumno a confeccionar la biografía lingüística de su Portfolio y, por otro, de actividades que podrían incluir en su dossier.

El *Libro de trabajo* se ha estructurado pensando eminentemente en el trabajo personal y en el desarrollo de la autonomía en el aprendizaje. Por este motivo, cada unidad está dividida en dos grandes apartados.

❶ Un conjunto de **Ejercicios** indispensables para la consolidación de aspectos formales.
Los ejercicios se describen en un índice que refiere el contenido temático y las destrezas que los alumnos ponen en funcionamiento (escribir, leer, hablar o escuchar). De esta forma, profesores y alumnos pueden seleccionar o secuenciar el material según sus necesidades e intereses.

Algunos ejercicios requieren la participación de otros compañeros y, por tanto, se tienen que realizar en el aula. Tales ejercicios se señalan con el símbolo ↩. Asimismo, están marcadas con el icono 🗣 las actividades de comprensión auditiva, para las cuales el alumno dispone del CD-audio que acompaña este libro.
El resto de ejercicios pueden realizarse de forma individual, fuera del aula, o bien se pueden trabajar en clase, al hilo del desarrollo de las actividades del *Libro del alumno*.

❷ Un apartado dedicado específicamente al desarrollo de la autonomía y de las estrategias de aprendizaje: la **Agenda**. Este apartado, que ocupa una doble página, contiene a su vez tres secciones fijas:
En la primera, "Así puedes aprender mejor", los alumnos realizan actividades de aprendizaje en las que experimentan la aplicación de determinadas estrategias. Al final de estas actividades encuentran una reflexión sobre lo que han hecho, a modo de "truco de la lección".
La segunda sección contiene dos cuadros de "Autoevaluación", que permiten al alumno y, dado el caso, al profesor, tomar el pulso al desarrollo de la lección y del curso.
Finalmente, la tercera sección es una propuesta de "Diario personal" del aprendizaje, que posibilita una evaluación menos guiada del desarrollo del aprendizaje, así como una mayor implicación del alumno en la dirección del mismo. La forma que adopta este diario personal es la de un texto con huecos o con opciones múltiples, cuyo propósito es suministrar al alumno principiante un andamiaje textual mediante el cual pueda expresarse por escrito, pero del que podrá alejarse a medida que se progresa en las lecciones, ya que la estructura se hace más abierta y flexible.

Por último, al final de las unidades se incluye la novela-cómic **Gente que lee**, cuya trama se desarrolla de manera paralela a la progresión funcional y léxica de las secuencias del *Libro del alumno* de GENTE 1. Su lectura contribuirá a reforzar y a consolidar el aprendizaje de todos los contenidos presentados.

ÍNDICE

1

gente que estudia español

❶ Intenta descubrir este código secreto. Cada letra representa un número del 1 al 9.

La	cu	es el	uno.
La	_____	es el	_____
La	_____	es el	_____
La	_____	es el	_____
La	_____	es el	_____

$Q + Q + Q = 3$
$Y + Z + J = 17$
$Z + Q + Y = 13$
$Ñ + Q + Ñ = 15$
$J + Q + Z = 9$
$Y + Y + Ñ = 25$
$Z + Ñ + J = 15$

❷ Vas a oír a alguien que lee una lista de nombres. Marca la casilla correspondiente.

	Cobos	Castaño	Miguel	María José	José María	Flores	Aguirre	Vázquez	Isabel	Domínguez	Pujante	
			x	↘					✓			Nombre
✓	✓						✗					1er Apellido
					✓	✗			✓			2º Apellido
			✗		✗					✳		No está en la lista

❸ Marca ahora con una X los números que escuches.

| 2 | 90 521 |

2	70 943	2	26 500	2	47 658	2	2	00 561	3	09 542	3	53 682	3
3	78 023	3	56 091	4	4	38 294	4	56 091	4	08 210	5	4	47 352

❹ ¿Qué apellido deletrean? Escucha y marca la respuesta con el número correspondiente.

González 1 ○   Hierro ○   Fernández 2 ○   Fierro 7 ○   Gonzalo ○   Campoy ○

Campos 6 ○   Uranga 4 ○   Rodríguez ○   Rodrigo 3 ○   Hernández 5 ○   Uriarte ○

❺ Mira la lista de temas en la página 12 del *Libro del alumno*. Agrupa esos temas en estas tres hojas según tus propios intereses. ¿Hay otros temas que te interesan especialmente? Puedes usar el diccionario.

6 Vas a escuchar estas palabras deletreadas. Escribe el orden en el que las oyes.

playa **1**   monumento 🔲   naturaleza 🔲   ciudad 🔲   gente 🔲   ocho 🔲   fiesta 🔲   política 🔲

7 Relaciona los elementos de las dos columnas.

✗ ¿Cómo se dice 🚲 en español?

¿Qué significa "cantante"? SINGFER

¿Cómo se escribe 15, con cu o con ca? CE

¿"Mapa" es masculino o femenino? FEM

¿Cómo se escribe 5, con ce o con zeta? CO

¿Cómo se dice 🏠 en español? CASA

¿"Lección" es masculino o femenino? MASCULINO

> Con cu.
> Casa.
> Con ce.
> Bicicleta.
> Masculino.
> Femenino.

8 Seguro que conoces algunas palabras en español: **fiesta, adiós, mañana, señorita, amigo, paella...**
Escribe frases como la siguiente sobre su significado.

> Adiós significa "good bye" / "au revoir" /...

Probablemente, quieres saber cómo se dicen algunas otras cosas en español. Escribe las preguntas.

> ¿Cómo se dice en español "to fall in love" / "sich verlieben" / ... ?

9 Escucha las frases de estas dos listas. Si la frase es una pregunta, escribe los dos signos de interrogación, como en la primera. Si es una frase afirmativa, escribe punto final.

PAÍSES

1. ¿ Esto es Chile ?
2. ___ Esto es Nicaragua ___
3. ___ Esto es México ___
4. ___ Esto es Venezuela ___
5. ___ Esto es Uruguay ___
6. ___ Esto es Panamá ___
7. ___ Esto es Ecuador ___
8. ___ Esto es Cuba ___

PERSONAS

9. ___ Este es el rey Juan Carlos ___
10. ___ Este es Picasso ___
11. ___ Esta es Carmen Maura ___
12. ___ Esta es Gloria Estefan ___
13. ___ Este es Salvador Allende ___
14. ___ Esta es Rigoberta Menchú ___
15. ___ Este es Plácido Domingo ___

10 Vas a escuchar a una chica que enseña las fotos de un viaje a un amigo. ¿A qué foto se refiere en cada caso?
Fíjate en: **este, esta, estos, estas** y **esto**.

gente que estudia español

11 En esta unidad has visto nombres de países del mundo hispano. Has visto también nombres y apellidos españoles. Ahora vas a leer y a escuchar algunos más. Completa las letras que les faltan.

1. Jaime
2. Gerardo
3. Gil
4. José
5. Juan

6. Guinea
7. Guerra
8. González
9. Guatemala
10. Gargallo

11. Ar __ __ ntina
12. __ __ mez
13. __ __ vier
14. __ __ __ vara
15. __ __ adalajara

16. __ __ rcía
17. Para__ __ ay
18. __ __ la
19. __ __ árez
20. Ara__ __ n

Subraya ahora los nombres que tienen el sonido /x/ (como **gente**) y encierra en un círculo los que tienen el sonido /g/ (como **González**).

12 ¿Vas a escuchar a cinco personas que piden un número de teléfono al servicio de información. Apunta el número de teléfono a continuación del nombre.

1. Pedro Pérez Martín _____
2. Marcos Martínez Paz _____
3. Mario Mas Pérez _____

4. Milagros Martín Martín _____
5. Paula Mínguez Peralta _____

13 ¿Qué tal tus matemáticas?

> Cinco más cuatro menos dos, siete.

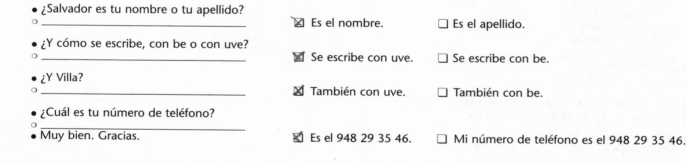

Cinco + cuatro − dos = siete
Ocho + tres − siete = _____
Nueve + _____ − tres = ocho
_____ + dos − cuatro = seis

Cuatro − _____ + cinco = ocho
Tres + dos + _____ = ocho
Cinco + siete − _____ = tres

14 En este diálogo faltan las respuestas. Escoge la respuesta adecuada. Luego escribe dos diálogos similares a este. El primero, con una persona que se llama Juana Arguedas. Para el segundo, inventa tú un nombre que suene español.

- ¿Cómo te llamas?
  o _____

- ¿Salvador es tu nombre o tu apellido?
  o _____

- ¿Y cómo se escribe, con be o con uve?
  o _____

- ¿Y Villa?
  o _____

- ¿Cuál es tu número de teléfono?
  o _____
- Muy bien. Gracias.

☐ Salvador.   ☒ Salvador Villa.

☒ Es el nombre.   ☐ Es el apellido.

☒ Se escribe con uve.   ☐ Se escribe con be.

☒ También con uve.   ☐ También con be.

☒ Es el 948 29 35 46.   ☐ Mi número de teléfono es el 948 29 35 46.

15 En los nombres de estos países faltan las vocales (**a, e, i, o, u**). ¿Puedes completarlos? Escucha la audición para comprobar que lo has entendido bien. Después, repite los nombres, fijándote especialmente en la pronunciación de las vocales.

1. G U A T E M A L A
2. N__ C __ R __ G __ __
3. P __ R __ G __ __ Y

4. __ R __ G __ __ Y
5. M __ X __ C __
6. P__ R __

7. P __ __ RT__   R __ C __
8. __ L   S __ LV __ D __ R
9. __ C __ __ D __ R

16 Coloca las formas de los verbos **ser** y **llamarse** y los pronombres personales donde sean necesarios.

1. • Yo soy brasileño, ¿y vosotros?
   o Yo soy argentino, y ella, italiana.

2. • ¿Los señores Durán?
   o Sí, _____ nosotros.
   • ¿Sus nombres, por favor?
   o Yo me _____ Eva, y _____ , Pedro.

3. • ¿Pablo Castellón?
   o Soy _____.

4. • Perdón, ¿Juan María Fuster?
   o _____ él.
   ■ Sí, _____ yo.

5. • ¿Y cómo _____ llamas?
   o Alberto, ¿y tú?
   • _____ , Elisa.

6. • Ustedes _____ los señores Ribas, ¿verdad?
   o Sí, y _____ , Esmeralda Antón, ¿no?

Así puedes aprender **mejor**

17 Estos nombres aparecen en el *Libro del alumno.*

la ___ playa

el ___ país

el ___ monumento

el ___ ciudad

la ___ comida

la ___ tradición

la ___ política

el ___ paisaje

el ___ negocio

el ___ mundo

la ___ cultura

la ___ fiesta

Escribe delante de cada uno:
– una M si crees que es una palabra masculina,
– una F si crees que es femenina.
Escribe, luego, el artículo delante. Finalmente, escribe los nombres y los artículos en plural.

18 Ahora observa estas palabras. Son nuevas, no las conoces, pero no importa. Intenta decir, por su forma, si son masculinas o femeninas. Escribe delante el artículo correspondiente.

la ___ mesa
el ___ cantidad
la ___ escuela
el ___ juego
el ___ suerte
el ___ televisión
el ___ universidad

la ___ calle
la ___ medicina
el ___ teléfono
el ___ doctor
la ___ siesta
la ___ avión
la ___ canción

el ___ tren
el ___ café
la ___ madre
el ___ libro
el ___ autor
el ___ señor
el ___ profesor

Consulta un diccionario para comprobar si lo has hecho bien. Ahora, piensa si puedes establecer una regla aproximada.

Los nombres terminados en	son generalmente: M (masculinos)	F (femeninos)	pueden ser M o F
- o	✓		
- a		✓	
- ción, -sión		✓	
- dad		✓	
- e			✓
- or	✓		
aje	✓		

En los ejercicios anteriores, tú has observado fenómenos de la lengua y has encontrado una regla.
Si practicas este tipo de estrategias, aprenderás mejor y más deprisa.
Aprendemos mejor lo que descubrimos por nosotros mismos.

Autoevaluación

En general:

	☀	⛅	☁	☁
Mi participación en clase...				
Mis progresos en español...				
Mis dificultades...				

Y en particular:

Gramática					
Vocabulario					
Fonética y pronunciación					
Lectura					
Audición					
Escritura					
Cultura					

Diario personal

Después de esta unidad puedo hablar del español en el mundo y de mis intereses en el español; sé cómo suenan los nombres y los apellidos en español. También puedo _____, _____, y _____.
Para mí, lo más interesante de GENTE QUE ESTUDIA ESPAÑOL son las actividades _____, _____, _____ y _____; lo menos intersante son las actividades _____, _____, y _____.
Necesito hacer más ejercicios de (números / gramática / deletrear / ...) _____.

gente con gente

❶ Mira las páginas 20 y 21 del *Libro del alumno*. Elige a dos de las personas que aparecen allí y escribe tus intuiciones sobre su profesión, su edad y su nacionalidad.

Creo que _____ es _____ y que _____.
También creo que _____.

Creo que_____ es _____ y que _____.
También creo que _____.

Observa: aquí no se escribe el pronombre **yo** porque es un texto para ti solo, nadie más va a hablar. ¿Recuerdas la gramática de la unidad anterior *GENTE QUE ESTUDIA ESPAÑOL?*

❷ Consulta los textos de las páginas 22 y 23 del *Libro del alumno*. Escribe en cada uno de los tres cuadros el nombre de la persona descrita.

☐	☐	☐

Estudia en la Universidad.
No es divorciada.
Hace deporte.
No toca el piano.

No es soltera.
Trabaja en casa.
No es nada pedante.
Es mayor.
No baila flamenco.

No está casado.
Toca un instrumento
musical que no es la batería.
No es español.
No es nada antipático.

❸ En estas otras descripciones faltan algunas palabras. Complétalas con las que tienes a continuación. Puedes mirar después en la página 23 del *Libro del alumno* para comprobar si lo has hecho bien.

trabajadora	colecciona
argentino	periodista
española	fotógrafo
cariñoso	estudia
tenis	

BEATRIZ SALAS GALLARDO

Es _____.
Es _____.
Juega al _____ y _____ inglés.
Es muy _____.

JORGE ROSENBERG

Es _____.
Es _____.
_____ sellos.
Es muy _____.

❹ Mira las páginas 22 y 23 del *Libro del alumno*. Elige dos casas al azar y...

– Lee los textos correspondientes a las dos casas.
– Mira las imágenes de esas dos casas: sin consultar los textos, intenta recordar mentalmente todos los datos que sabes de sus habitantes.
– Cierra los ojos: ¿cuáles de sus aficiones puedes nombrar? Escríbelas.

Puedes repetir el mismo juego con otras dos casas. En lugar de las aficiones, ahora puedes escribir las profesiones.

❺ En las páginas 22 y 23 del *Libro del alumno* busca qué actividades se usan con cada uno de estos verbos.

Toca...	Juega a...	Hace...	Estudia..

¿Puedes añadir más palabras para cada verbo? Seguro que quieres conocer el nombre de tus aficiones en español: consulta el diccionario.

6 Piensa en dos personas de tu entorno: familiares, amigos, compañeros de trabajo o vecinos. Completa las dos fichas, como en el ejemplo, con las informaciones correspondientes.

NOMBRE: María
APELLIDOS: Jover Pino
ESTADO CIVIL: soltera
EDAD: 31
PROFESIÓN: trabaja en una empresa de informática
AFICIONES: fotografía, teatro
CARÁCTER: muy inteligente y muy activa
RELACIÓN CONTIGO: vecina

NOMBRE: _____
APELLIDOS: _____
ESTADO CIVIL: _____
EDAD: _____
PROFESIÓN: _____

AFICIONES: _____
CARÁCTER: _____
RELACIÓN CONTIGO: _____

NOMBRE: _____
APELLIDOS: _____
ESTADO CIVIL: _____
EDAD: _____
PROFESIÓN: _____
_____
AFICIONES: _____
CARÁCTER: _____
RELACIÓN CONTIGO: _____

Ahora pregúntale a un compañero sobre sus dos fichas y toma notas para explicar al resto de la clase quiénes son esas personas y para escribir una pequeña descripción.

- ● ¿Cómo se llama?
- ○ María.
- ● ¿Es una amiga?
- ○ No, es una vecina.
- ● ¿Y cuántos años tiene?
- ○ 31.

- ● ¿Está casada?
- ○ No, soltera.
- ● ¿A qué se dedica?
- ○ Trabaja en una empresa de informática.
- ● ¿Y cómo es?

7 ¿De dónde son estos famosos? Si no lo sabes, imagina una posible nacionalidad. En clase vamos a ver quién tiene más respuestas correctas.

Jacques Brel: belga
Pierre y Marie Curie: _____
Juan Carlos Ferrero: _____
Vladimir Putin: _____
Johan Cruyff: _____

Steffi Graf: _____
Akira Kurosawa: _____
Ian Thorpe: _____
Shakira: _____
Lula da Silva: _____

Venus y Serena Williams: _____
Los Rolling Stones: _____
David Beckham: _____
Dolce & Gabanna: _____
Nelson Mandela: _____

8 Un juego de memoria: ¿cuántas nacionalidades europeas puedes escribir correctamente sin consultar el libro? Escríbelas en orden alfabético. Después, escribe todas estas nacionalidades en la forma del femenino plural.

9 ¿De quién pueden estar hablando? Fíjate bien en las terminaciones de los adjetivos y colócalos donde corresponda. Ojo: algunos pueden ir en varios sitios.

① Juan es
_____
_____
_____

② Carolina es
activa,
_____
_____

③ Luis y Blanca son
_____
_____
_____

④ Carolina y Carmen son
_____
_____
_____

⑤ Pablo y Javi son
_____
_____
_____

⑩ Coloca ahora en este cuadro los adjetivos del ejercicio anterior según su terminación. Completa el cuadro después con todas las formas de los adjetivos.

masculino singular	femenino singular	masculino plural	femenino plural
-o	**-a**	**-os**	**-as**
activo	activa	activos	activas
-or	**-ora**	**-ores**	**-oras**

-e		-es	
-ista		**-istas**	

⑪ Lee estos números en voz alta. Luego escucha unas conversaciones y marca los cinco números que escuches.

☐ 24 ☐ 25 ☐ 35 ☐ 42 ☐ 49 ☐ 52 ☐ 58 ☐ 74 ☐ 85 ☐ 92 ☐ 93 ☐ 94

⑫ Marca ocho números en este boleto y escríbelos con letras para no olvidarlos. Ahora escucha la grabación. ¡Suerte!

Mis números son...

ONCE	✓
DOCE	15
VIENTECINCO	27
TREINTE	33
QUARENTEY UNO	35
QUARENTE Y QUATRO	40
	45
	49

¿Cuántos has acertado? Vuelve a escuchar la grabación y escribe los que no tienes.

⑬ Combina las cifras de cada grupo para conseguir el resultado final que proponemos. Escribe las operaciones. Puedes usar más (+), menos (-), por (x) y entre (:).

$8 \times 10 : 2 = 40$

Ocho por diez entre dos igual a cuarenta.

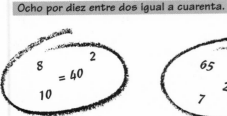
8 2 10 = 40

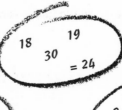
65 20 7 = 52

18 19 30 = 24

3 42 26 = 100

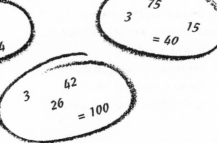
75 3 15 = 40

2 EJERCICIOS

14 Escribe las preguntas para estas respuestas.

Tú	Usted	
COMO • ~~QUE~~ TE LLAMAS	COMO SE • ~~QUI~~ LLAMAS USTED	○ Javier Odriozola.
• ~~TU~~ TIENES CUANTOS AÑOS	SE • CUANTOS AÑOS TIENEN USTED	○ 42.
• ~~TU~~ TRABAJAS DONDE ~~QUI~~ TRABAJO A QUE	• DONDE TRABAJAS USTED A QUE	○ En una escuela de idiomas.
• ~~TU ERES~~ TE DEDICAS	• SE DEDICA USTED	○ Soy profesor.
• DE DONDE ERES ~~TU~~	• DE DONDE ~~ERES~~ USTED ~~SOY~~ USTEDES	○ Andaluz, de Granada.

15 Lee las siguientes informaciones sobre una familia. ¿Puedes construir su árbol genealógico?

– Elisa tiene tres hijos, dos hijos y una hija. También tiene cinco nietos.

– El abuelo se llama Tomás.

– Mario tiene dos hijos, un hijo y una hija.

– La mujer de Carlos se llama Teresa.

– Candela es la mujer de Mario.

– Ana no tiene hijos.

– El hijo de Candela es Jaime.

– La hermana de Jaime es Gala.

– Las niñas de Teresa se llaman Inés, Berta y Susana.

– El cuñado de Carlos se llama Luis.

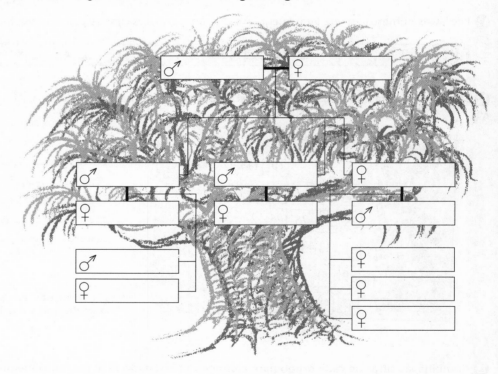

16 Qué palabra no corresponde en cada serie? ¿Por qué? Puede haber varios criterios.

a. Soltera, casada, cariñosa, viuda, separada.

b. Camarero, periodista, pintor, ama de casa, flamenco.

c. Amigo, vecino, estudiante, colega.

d. Chilena, italiana, francesa, noruega, irlandesa.

e. Madre, sueca, padre, hermano, abuelo.

f. Inteligente, amable, simpático, sociable, pedante.

17 ¿Puedes ayudar a estas personas a presentarse? Elige tú las informaciones que están más abajo y escríbelas, en primera persona, en uno de los cuatro dibujos.

son novios

habla español y catalán

está jubilada

estudian arquitectura

tiene 40 años

habla español y
un poco de inglés

tiene 68 años

habla español, inglés
y francés

trabaja en un banco

son de Granada pero
estudian en Sevilla

tiene 23 años

se llaman Pepe y Celia

se llama Julián y vive
en Burgos

se llama Eulalia

vive en Barcelona, pero
es de Zaragoza

se llama Lolita y vive
en Madrid

18 Coloca en este cuadro las formas de los verbos que has usado en el ejercicio anterior y complétalo después con las que faltan.

	SER	ESTUDIAR	HABLAR	LLAMARSE
yo	SOY	ESTUDIOS	HABLA	LLAMO
tú	ERES	ESTUDIA	HABLAS	LLAMAS
él, ella, usted	ES	ESTUDIA	HABLAN	LLAMA
nosotros/as	SOMOS	ESTUDIAMOS	HABLAMOS	LLAMAMOS
vosotros/as	SOIES	ESTUDIAIS	HABLAIS	LLAMAIS
ellos, ellas, ustedes	SON	ESTUDIAN	HABLAN	LLAMAN

¿Puedes ahora escribir cosas sobre tu familia y sobre ti?

Mi padre...   Mi madre...   Mi hermano/a...   Mis tíos...   Y yo...

gente con gente

19 Escucha las preguntas y decide cuál de las dos opciones es la respuesta adecuada. Señálala con una cruz (X).

a) ☐ No, yo soy periodista.
   ☒ Sí, trabaja en el banco.

b) ☐ Sí, inglés y francés.
   ☐ Sí, estudiamos idiomas.

c) ☐ Me llamo Laura, ¿y tú?
   ☐ Laura.

d) ☐ Estudio en la Universidad.
   ☐ Es biólogo.

e) ☐ Carla, de Segovia, y yo, de Ávila.
   ☐ María, de Ávila y Carla, de Segovia.

f) ☐ Sí. Ana, biología y yo, física.
   ☐ No, es camarero en un bar.

20 Escribe las preguntas correspondientes a estas respuestas.

1. ● _____
   ○ No, Magdalena es bióloga y yo soy periodista.

2. ● _____
   ○ ¿Carlos? 30 o 32.

3. ● _____
   ○ Mi padre, Antonio y mi madre, Carmen.

4. ● _____
   ○ No, ¿y usted?

5. ● _____
   ○ Bueno, yo hablo un poco de inglés y Marta habla inglés y alemán.

21 Fíjate en la entonación y marca las frases que escuchas.

1. ☐ a) Se llama Raquel.
   ☐ b) ¿Se llama Raquel?

2. ☐ a) Es de Málaga.
   ☐ b) ¿Es de Málaga?

3. ☐ a) Tiene 18 años.
   ☐ b) ¿Tiene 18 años?

4. ☐ a) Trabaja en un banco.
   ☐ b) ¿Trabaja en un banco?

5. ☐ a) Vive en la Plaza Mayor.
   ☐ b) ¿Vive en la Plaza Mayor?

6. ☐ a) Son italianos.
   ☐ b) ¿Son italianos?

Escúchalas otra vez y repítelas con la entonación adecuada.

22 Formula diez frases sobre las cosas que estas seis personas tienen en común.

Ignacio es aficionado al tenis y Elvira, también.
Juanjo e Ignacio hablan los mismos idiomas.

_____
_____
_____
_____
_____
_____
_____
_____

MARIBEL
19 años
tenis, música, viajes
español, inglés, francés
BURGOS

LAURA
26 años
música, leer
español e inglés
BURGOS

JUANJO
19 años
motos y viajes
español e italiano
VALENCIA

RAÚL

26 años
música
español, inglés,
francés
OVIEDO

ELVIRA

39 años
tenis, música
francés y español
OVIEDO

IGNACIO

39 años
tenis
español e italiano
VALENCIA

23 En clase has escrito cómo crees que son los españoles. ¿Por qué no haces una lista de adjetivos para describir cómo es la gente de tu país? Después escribe un pequeño texto.

> Los holandeses somos muy...

24 Y ahora, ¿puedes describirte a ti mismo? Rellena una ficha como esta. Entrega tu descripción a tu profesor. Otro compañero va a leerla y los demás tienen que descubrir de quién es.

EDAD:
    Tengo _____ años.

ESTADO CIVIL:
    Soy ☐ soltero/a.
        ☐ casado/a.
        ☐ viudo/a.
        ☐ divorciado/a.

CARÁCTER:
    Soy muy _____.
    Soy bastante _____.
    Soy un poco _____.
    No soy nada _____.

IDIOMAS:
    Hablo _____.

AFICIONES: _____
    _____.

25 Imagina que tienes que elegir a un compañero de trabajo. ¿Cómo valoras estas cualidades? Sitúalas en esta escala. Como en las diferentes culturas las cualidades de las personas no se valoran igual, puede ser divertido comparar tus resultados con los de otros compañeros.

> Yo creo que ser simpático es muy importante.

simpático/a						✓
serio/a						
sociable						
travieso/a						
inteligente						
trabajador/a						
perezoso/a						
amable						
pedante						
alegre						
callado/a						
tímido/a						
independiente						
pesimista						
optimista						

Así puedes aprender mejor

26 Completa este gráfico con palabras que has aprendido en esta unidad.

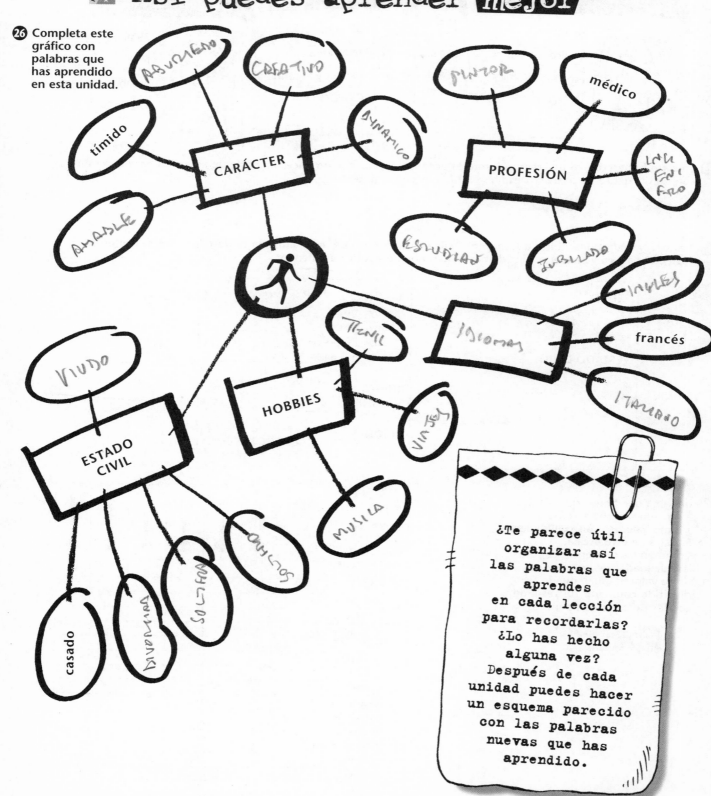

¿Te parece útil organizar así las palabras que aprendes en cada lección para recordarlas? ¿Lo has hecho alguna vez? Después de cada unidad puedes hacer un esquema parecido con las palabras nuevas que has aprendido.

Autoevaluación

PORTFOLIO

En general:

	☀	⛅	☁	☁
Mi participación en clase...				
Mis progresos en español...				
Mis dificultades...				

Y en particular:

🔧 Gramática					
📖 Vocabulario					
🐦 Fonética y pronunciación					
👓 Lectura					
👂 Audición					
✏ Escritura					
🏢 Cultura					

Diario personal

Las secciones de GENTE CON GENTE, son (muy / bastante / un poco / no son) _____ interesantes. Para mí lo más fácil es _____, y lo más difícil es _____. Ahora puedo entender los números del 20 al 100 (muy bien / bien / regular / con dificultad) _____. Y (puedo / me cuesta un poco / no puedo) _____ decirlos. También puedo decir y entender la nacionalidad de los europeos. Otras cosas que puede hacer son: _____, _____ y _____. Para terminar, creo que necesito más práctica de _____ _____.

gente de vacaciones

1 Lee estos dos anuncios de viajes. ¿Qué viaje puede interesar a cada una de estas personas?

OFERTAS DE VIAJES
MARISOL

GRANDES CAPITALES DE EUROPA
Londres, París y Roma
15 días

Ida y vuelta en avión desde Madrid o Barcelona
Desplazamientos en autobús y tren
Hoteles de 3 y 4 estrellas
Guías especializados

¡VEN A LA MONTAÑA!

Una semana en contacto con la naturaleza
Albergues de montaña y cámpings
Excursiones en bicicleta
Precios especiales para familias

RAQUEL

A mí me gustan la tranquilidad y el sol. No me gustan los viajes organizados, en autocar y con guías.

ENCARNA

Yo prefiero conocer países nuevos, conocer gente, ciudades y visitar monumentos.

CRISTINA

Nosotros queremos ir de vacaciones con nuestros hijos, pero este año no tenemos mucho dinero.

FRANCISCO

Yo quiero viajar al extranjero. Me interesan las culturas diferentes, el arte y todo eso.

MIGUEL

A mí me gustan los viajes con todo organizado: los hoteles, el avión, todo. No tengo tiempo para organizarlo yo.

2 ¿Cómo crees que les gusta viajar a estas personas?

3 ¿Gusta o gustan?

- Me _GUSTA_ muchísimo vivir en el centro.
- ¿Sí? A mí me _GUSTAN_ más los barrios tranquilos.

- ¿Quieres ir en moto? ¿Vamos a dar un paseo?
- ¡Huy! No, gracias. A mí me _GUSTA_ más andar.

- ¿Te _GUSTA_ la comida mexicana?
- Sí, muchísimo.

- A mí, las playas con mucha gente no me _GUSTAN_ nada.
- A mí tampoco, la verdad.

- ¿Te _GUSTA_ Madrid?
- Bueno, es que en general las ciudades grandes no me _GUSTAN_ mucho.

4 Vas a escuchar unos breves diálogos entre dos personas. Marca en cada caso de qué están hablando.

1. ☑ a) unas fotos de las vacaciones
   ☐ b) una moto nueva

2. ☑ a) una novela
   ☐ b) unos poemas

3. ☐ a) unas canciones
   ☑ b) un disco de música clásica

4. ☐ a) un coche
   ☑ b) unos chicos

5. ☑ a) una exposición
      de pintura
   ☐ b) unas casas

5 Escribe tus gustos respecto a estos temas. Usa **me interesa/n, no me interesa/n, me encanta/n, me gusta/n mucho, no me gusta/n nada**, etc.

viajar en moto	leer poesía	las discotecas	la televisión	aprender idiomas
los restaurantes chinos	jugar al rugby	trabajar	la historia de España	las playas desiertas
la política	el cine americano	el jazz	Bach y Vivaldi M+A	la música pop

6 Construye frases relacionando los términos de cada columna.

A mis hermanos
A mí
A Carlos
A María y a ti
A Carmen y a mí
A ti

me gusta mucho
te gusta
no le gustan mucho
nos encantan
os gustan
no les gusta nada

las canciones de Pablo Milanés.
viajar en coche, ¿verdad?
la música clásica.
los viajes organizados.
las novelas de Cortázar,
   ¿verdad?
la pintura de Dalí.

7 Vas a escuchar el principio de cuatro frases. Tienes que elegir uno de estos seis finales para cada una.

... porque nos interesa mucho Hispanoamérica.
☐1 prefiero viajar con mis amigos.
... prefiero viajar en coche o en tren.

... porque me gusta mucho la naturaleza y andar.
... preferimos ir a la playa unos días en verano.
... no me gusta nada ir con mi familia.

8 Escucha las siguientes conversaciones. ¿Puedes relacionar cada una de ellas con una imagen?

EJERCICIOS

Después, vuelve a escuchar las seis conversaciones. Intenta anotar todas las formas de los verbos **querer** y **preferir** que oigas.

	QUERER	PREFERIR
yo		
tú		
él, ella, usted		
nosotros/as		
vosotros/as		
ellos, ellas, ustedes		

Ahora, subraya las formas en las que se da el cambio **e ⟶ ie**.

9 ¿Verdadero o falso? Observa el dibujo y contesta.

	V	F
1. La estación está en la plaza de España.	☑	☐
2. Hay dos farmacias en el pueblo.	☐	☑
3. Hay un hotel en la avenida de la Constitución.	☑	☐
4. La iglesia y el ayuntamiento están en la plaza de España.	☐	☑
5. La farmacia está en la calle Mayor.	☐	☑
6. La caja de ahorros y el teatro están en el parque.	☐	☑
7. El cine está al lado de la piscina.	☐	☑
8. El polideportivo está muy cerca de la piscina, al lado.	☑	☐
9. Hay un supermercado cerca de la escuela.	☑	☐
10. El campo de fútbol está en la calle Mayor.	☐	☑

Corrige ahora las que son falsas.

La farmacia no está en la calle mayor.

10 Completa las preguntas con **hay** o **está** y ayuda a unas personas que visitan el pueblo.

● Perdone, ¿dónde está la oficina de Correos?
○ (pl. España) En la plaza de España.

● ¿ _____ una farmacia por aquí?
○ (parque) _____

● ¿ _____ hotel en este pueblo?
○ (avda. Constitución)_____

● ¿Dónde _____ el banco, por favor?
○ (no/caja de ahorros/avda. Constitución) _____

● Perdone, ¿ _____ una agencia de viajes en el pueblo?
○ (no)_____

● ¿ _____ un cámping en el pueblo?
○ (piscina) _____

⓫ **Haz dos listas.** Consulta el diccionario o el *Libro del alumno* si te falta vocabulario.

PORTFOLIO

10 COSAS QUE HAY CERCA DE MI CASA

En mi barrio hay:

1._____ 6._____
2._____ 7._____
3._____ 8._____
4._____ 9._____
5._____ 10._____

5 COSAS QUE FALTAN EN MI BARRIO

En mi barrio no hay:

1._____
2._____
3._____
4._____
5._____

⓬ **Una persona está interesada en este apartamento de Tenerife y llama a la agencia de viajes para obtener más información. Escucha y señala la información que le dan.**

El apartamento está...

☐ cerca de la playa.
☐ cerca de un campo de golf.
☐ lejos del aeropuerto.
☐ cerca de la ciudad de Sta. Cruz.
☐ en una zona muy tranquila.

En los apartamentos hay...

☐ aire acondicionado.
☐ teléfono.
☐ televisión.
☐ cinco habitaciones.
☐ parking.
☐ piscina.
☐ pistas de tenis.

SOL, MAR Y TRANQUILIDAD

Ocasión: apartamento muy barato en Tenerife. 1-15 de agosto. Para 5 personas. Muy cerca de la playa. Viajes Solimar. Tlf. 944 197 654

⓭ **¿Y a ti, te interesa este apartamento? ¿Por qué? ¿Qué otras preguntas harías a la agencia?**

⓮ **Fíjate en estas formas para mostrar acuerdo y desacuerdo.**

| yo también | yo tampoco | a mí sí | a mí no | yo no | a mí también | yo sí | a mí tampoco |

¿Dónde puedes usar cada una de ellas?

● Quiero conocer Andalucía.
○ Yo también.
■ _____

● Me gusta muchísimo el teatro.
○ _____
■ _____

● No tengo vacaciones en agosto.
○ _____
■ _____

● No me interesa nada el golf.
○ _____
■ _____

15 Vas a escuchar ocho enunciados. ¿Cuál es la respuesta para cada uno de ellos?

    a) A mí también.   b) A mí tampoco.   c) Yo también.   d) Yo tampoco.

    1. ☐   2. ☐   3. ☐   4. ☐   5. ☐   6. ☐   7. ☐   8. ☐

16 Vuelve a escuchar con atención y escribe la tercera palabra de cada frase.

    1. _____   2. _____   3. _____   4. _____

    5. _____   6. _____   7. _____   8. _____

17 Completa este gráfico con las palabras nuevas que has aprendido en esta unidad.

PORTFOLIO

TRANSPORTES — el tren

COMPAÑÍA — la familia

VACACIONES

LUGARES — la montaña

TIEMPO — el verano

18 Mira el mapa de Sudamérica (página 39 del *Libro del alumno*) e intenta descubrir de qué estamos hablando:

1. Son unas islas que están al Sureste de Argentina: _____

2. Es un lago que está al Oeste de La Paz: _____

3. Es la capital del Perú y está al Noroeste del país: _____

4. Es un río que pasa por el Norte de Argentina: _____

Ahora describe tú estos lugares:

a. Machu Picchu: _____

b. Amazonas: _____

c. Córdoba: _____

d. San Vicente: _____

19 En esta sopa de letras se esconden los nombres de diez meses. Descúbrelos y escribe los dos que faltan.

_____

_____

a	l	b	a	c	e	n	e	r	o	p	m	a	r	z	o
b	a	r	c	l	u	j	a	s	j	u	n	i	o	h	o
r	u	d	t	f	v	j	k	l	o	s	e	r	y	u	i
i	t	i	n	e	u	s	m	e	r	z	i	n	e	z	a
l	n	c	s	o	c	t	u	b	r	e	j	o	m	e	o
m	f	i	e	s	f	c	o	l	o	a	n	v	a	r	t
m	a	e	t	i	u	s	g	u	t	t	h	i	l	a	g
j	u	m	i	f	e	b	r	e	r	t	a	e	i	g	h
m	i	b	r	c	n	u	o	p	f	e	r	m	a	o	u
p	e	r	o	q	u	m	a	y	o	p	i	b	s	s	t
g	e	e	i	l	o	p	a	r	t	i	c	r	s	t	h
s	e	p	t	i	e	m	b	r	e	e	s	e	p	o	o

20 ¿Puedes completar el texto con las fechas? Escribe el nombre completo de los meses.

12 - X

23 - IV

1 - I

25 - VII

15 - VIII

7 - VII

25 - XII

15 - V

19 - III

1 - XI

6 - XII

1 - V

En España, como en todos los países, hay muchas fechas importantes. Son fiestas religiosas, aniversarios de acontecimientos históricos o, simplemente, fiestas locales. Hay fiestas de origen religioso, como la Asunción de Nuestra Señora, _____ , el día del apóstol Santiago –el _____– o el día de Todos los Santos, que es el _____ . Son fiesta, como en muchos países, el _____, día del Trabajo, el _____, Navidad, o el día de Año Nuevo: el _____ . Hay celebraciones históricas: el _____ es el día de la Constitución, una fecha muy importante en la historia política contemporánea de nuestro país (la constitución democrática después de la dictadura de Franco). Y el día de la Hispanidad, _____ , que es el aniversario de la llegada de Colón a América. También hay fiestas locales muy populares: el _____ son los famosos San Fermines de Pamplona, en Navarra; el _____ es Sant Jordi, una fiesta importante en Cataluña: es el día de la rosa y del libro. El _____ es la Fiesta Mayor de Madrid. Y en San José, el _____ , en Valencia se queman las Fallas.

¿Cuáles son las fechas más importantes en tu país? Escríbelas con los nombres de los meses completos.

21 Contesta a las preguntas de este test. Para leer los resultados, puedes consultar los adjetivos que aprendiste en la unidad GENTE CON GENTE.

¿ E R E S   S O C I A B L E ?

1. Cuando voy de vacaciones me gusta...

☐ a. ir solo/a o con mi novio/a. Ni amigos, ni familia.
☐ b. ir con la familia o los amigos, pero también solo/a o con mi novio/a. Depende.
☐ c. ir con un grupo grande de amigos o con toda la familia.

2. Y cuando estoy en el lugar elegido...

☐ a. me interesa más visitar los museos, ir a la playa o pasear.
☐ b. me gusta descansar pero también conocer las costumbres del lugar.
☐ c. me encanta hablar con la gente para conocer sus costumbres y sus tradiciones.

3. Me gusta viajar...

☐ a. en mi coche o en mi moto.
☐ b. en coche, en tren, en avión o en autobús.
☐ c. en autoestop para conocer gente nueva.

4. Para estudiar o trabajar prefiero...

☐ a. estar solo/a en casa, con mi música y mis cosas.
☐ b. generalmente solo/a, pero estudiar con gente también es divertido.
☐ c. no me gusta nada trabajar solo/a: prefiero estar con amigos para estudiar o trabajar bien.

5. Y ahora, sinceramente: ¿Eres...

☐ a. serio/a, callado/a, tímido/a y perezoso/a para hablar con la gente?
☐ b. un poco tímido/a pero activo/a y sociable?
☐ c. muy simpático/a, sociable y cariñoso/a?

Mayoría de respuestas a. No eres sociable, claro, pero eres muy independiente. Una pregunta: ¿no te aburres un poco?
Mayoría de respuestas b. Eres una persona muy normal. Eres sociable, abierto/a y seguramente tienes muchos y buenos amigos.
Mayoría de respuestas c. ¡Enhorabuena! Tú no tienes problemas para conocer gente: donde quieres y cuando quieres. Eres muy, muy sociable... ¿demasiado?

22 Fíjate bien en el siguiente plano de una isla imaginaria: Barnabi. Pon junto a cada lugar el nombre que le corresponde.

| ciudad | montaña | pueblo | río | puerto |
| mar | playa | hotel | cámping | aeropuerto |

Escribe siete cosas que sabes sobre esta isla.

1. Hay un río que está al Sur de la montaña, cerca del pueblo.

_____

_____

_____

_____

_____

_____

Así puedes aprender mejor

 23 Observa bien a Rodolfo y a Tere. ¿Cómo te imaginas que son sus vacaciones? Escribe su inicial (R o T) junto a las cosas con las que los relacionas.

CASA PEPE

   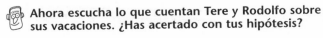

> Como ves, el contexto, las cosas que tú sabes sobre las personas y el mundo, te permiten hacer hipótesis sobre lo que vas a escuchar o a leer. Estas hipótesis te pueden ayudar a entender lo que oyes y lees, tanto en la clase como fuera de ella.

Ahora escucha lo que cuentan Tere y Rodolfo sobre sus vacaciones. ¿Has acertado con tus hipótesis?

gente de vacaciones

 # Autoevaluación

En general:

	☀	⛅	☁	☁
Mi participación en clase				
Mi trabajo en casa				
Mis progresos en español				
Mis dificultades				

Y en particular:

	😀	🙂	😐	🙁	😟
🔧 Gramática					
📖 Vocabulario					
🐦 Fonética y pronunciación					
👓 Lectura					
👂 Audición					
✏ Escritura					
🏛 Cultura					

Diario personal

(Me gusta mucho / No me gusta) hablar con mis compañeros de las vacaciones. (Es / no es) muy interesante conocer sus gustos y preferencias. Ahora yo puedo hablar de mis vacaciones (muy bien / bien / regular / con problemas) y puedo describir qué hay en mi ciudad y en mi barrio (muy bien / bien / regular / con problemas). Me gusta(n) mucho la(s) actividad(es) _____, pero no me gusta(n) mucho la(s) actividad(es) _____ porque _____ Entiendo (muy bien / bien / con dificultad) la diferencia entre está/n y hay. Y puedo hablar de mis gustos y preferencias con los verbos gustar y preferir (muy bien / bien / con dificultad).

gente de compras

❶ **Mira estas tres listas de la compra. ¿A qué tiendas de Gentishop (*Libro del alumno*, páginas 40-41) tiene que ir cada una de estas personas?**

RAMÓN

una novela para Alicia
desodorante
aspirinas
dos periódicos:
Le Monde y *El País*
un secador de pelo

TIENE QUE IR A...

_____
_____
_____
_____
_____

ANAMARI

pasteles
sobres
un ramo de flores
dos botellas de vino
pelotas de tenis
una corbata

TIENE QUE IR A...

_____
_____
_____
_____
_____

ALBERTO

unos zapatos
dos revistas:
Marie-Claire y *Hola*
unas postales
espuma de afeitar
una cafetera

TIENE QUE IR A...

_____
_____
_____
_____
_____

❷ **Y estas cosas, ¿dónde las puedes comprar? Escríbelo siguiendo el ejemplo.**

> Las flores, en la floristería.

❸ **Piensa en seis cosas que has comprado en las dos últimas semanas. ¿En qué tiendas de Gentishop –páginas 40 y 41 del *Libro del alumno*– se pueden comprar?**

❹ **Completa con la forma correcta del verbo tener.**

- Oye, Jaime, ¿_____ cámara de fotos?
- Yo no, pero mi mujer _____ una.

- ¿Cuántos años _____?
- Yo _____ veintidós, y Gloria, veinte.

- Los padres de Javier _____ muchísimo dinero:_____ dos casas en la playa y un coche deportivo carísimo.
- ¿En serio?

- ¿Celia y tú _____ hijos?
- Sí, _____ dos niñas, Ana y Bea.

gente de compras

5 Escribe cinco cosas que **tienes que hacer** normalmente durante la semana y otras cinco que **tienen que hacer** otras personas con la que convives.

• Yo tengo que ir a la universidad.

• Mi hermana tiene que ir a clase de español.

6 Haz una lista con personas a las que quieres hacer un regalo. Anótalos en la primera columna (tus padres, tu novio, un amigo...). Después, escucha una sugerencia para cada uno de ellos y reacciona.

1. mi hermana   No, un pañuelo de seda, no. Mejor un libro de arte, que le gustan mucho.
2. _____   _____
3. _____   _____
4. _____   _____
5. _____   _____
6. _____   _____

7 ¿Recuerdas los nombres de estas prendas?

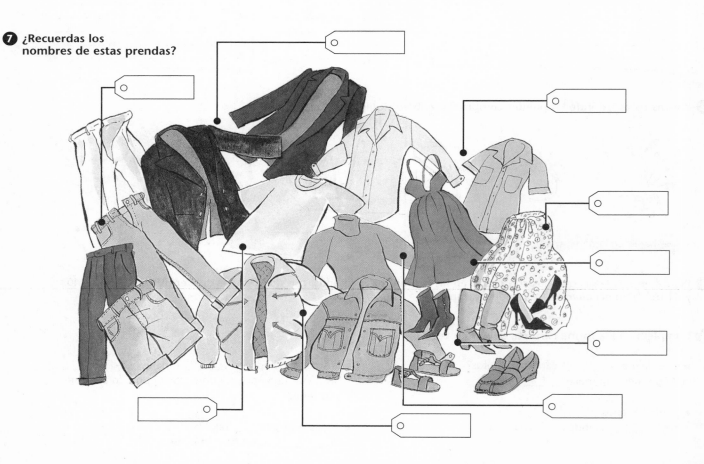

8 Escucha ahora las ofertas de Gentishop. ¡Se han olvidado de poner los precios nuevos! Escríbelos tú.

ANTES
90 euros
AHORA

ANTES
42 euros
AHORA

ANTES
20 euros
AHORA

ANTES
42 euros
AHORA

ANTES
35 euros
AHORA

ANTES
33 euros
AHORA

ANTES
35 euros
AHORA

ANTES
15 euros
AHORA

ANTES
20 euros
AHORA

ANTES
29 euros
AHORA

9 ¿Qué cosas relacionas con cada color? Si lo necesitas, utiliza el diccionario.

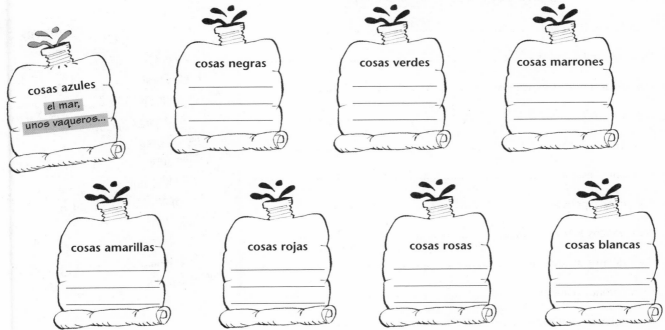

cosas azules
el mar,
unos vaqueros...

cosas negras

cosas verdes

cosas marrones

cosas amarillas

cosas rojas

cosas rosas

cosas blancas

gente de compras

10 ¿Recuerdas los adjetivos de la unidad **GENTE CON GENTE**? Coloca ahora los colores en el lugar adecuado de este cuadro. Escribe también las formas del plural.

masculino singular	femenino singular	masculino plural	femenino plural
-o rojo	**-a** roja	**-os** rojos	**-as** rojas
_____	_____	_____	_____

-e		**-es**
_____		_____
_____		_____
-a		~~-as~~
_____		
_____		
-consonante (-l, -n, -s)		-consonante + es (**-les, -nes, -ses**)
_____		_____
_____		_____

11 Aquí tienes el nombre de las monedas de diferentes países. Escribe cada nombre en la columna correspondiente.

yen	rupia
euro	rublo
dólar	real
peso	dírham
libra	corona

NOMBRE MASCULINO

el yen
_____
_____
_____
_____

NOMBRE FEMENINO

la libra
_____
_____
_____
_____

12 El grupo de clase necesita euros, pero tiene varias monedas. ¿Puedes ayudarles a calcular cuánto valen en euros las cantidades siguientes? Escríbelo en letras.

a. Mil dírhams. **noventa y tres euros con veinte céntimos.**

b. Cien reales brasileños ....

c. Diez mil rupias indias ....

d. Diez dólares norteamericanos ....

e. Mil pesos mexicanos ....

f. Cien rublos rusos ....

g. Cien libras esterlinas ....

h. Mil yenes japoneses ....

i. Diez francos suizos ....

j. Cien dólares australianos ....

k. Cien coronas danesas ....

l. Diez dólares canadienses ....

Divisas

1 dírham Marruecos	0,0932
1 real Brasil	0,27
1 rupia India	0,019
1 dólar Estados Unidos	0,92
1 peso México	0,085
1 rublo Rusia	0,030
1 libra Reino Unido	1,4
1 yen Japón	0,0077
1 franco Suiza	0,68
1 dólar Australia	0,54
1 corona Dinamarca	0,13
1 dolar Canadá	0,62

13 **Mira el dibujo y lee las informaciones. ¿A quién se refieren estas frases?**

1. Lleva ropa muy juvenil: hoy lleva una camiseta blanca y una falda azul y blanca. Y siempre, botas. ✓
2. Le gusta la ropa clásica y elegante, pero cómoda. Hoy lleva una chaqueta y una falda marrones y unos zapatos de tacón.
3. Le gusta la ropa informal: lleva siempre pantalones vaqueros y camiseta blanca.
4. Siempre va muy elegante. Lleva pantalones grises, chaqueta azul, camisa blanca y pajarita.
5. Es muy clásico: siempre con pantalones, chaleco y chaqueta.
6. Lleva un vestido largo azul y unos zapatos de tacón alto.

14 **Escucha a Javier cómo describe a un grupo de amigos suyos. Escribe su nombre.**

1. _____
2. _____
3. _____
4. _____

15 Vuelve a escuchar la descripción que hace Javier y completa con los colores.

Mira, el que lleva una chaqueta _____ y unos pantalones _____ es Alejandro, mi mejor amigo; y la chica que lleva un vestido largo y unos zapatos de tacón es Lucía, su novia. Es muy simpática, pero un poco rara. Rosa es la de la falda _____ y el jersey _____. Normalmente lleva siempre pantalones, pero ese día se puso falda. Y la última es Lola. Es la que lleva un vestido _____ y un abrigo _____. Es guapa, ¿verdad?

16 Observa estos diálogos. La gente no habla así, ¿verdad? Normalmente usamos **lo**, **la**, **los**, **las** para evitar las repeticiones.

● ¿Dónde tienes el coche?
○ Tengo el coche en casa. ⟶ Lo tengo en casa.

● ¿Necesitas la moto este fin de semana?
○ Sí, necesito la moto el sábado para ir a una fiesta. ⟶

● ¿Quién puede traer las cervezas?
○ Yo puedo traer las cervezas. ⟶

● ¿Dónde compras el vino? Es muy bueno.
○ Pues siempre compro el vino en la bodega de Gentishop. ⟶

17 ¿De qué hablan?

1. Lo puedes comprar en una joyería.
2. Los comes en las fiestas y son de nata, de chocolate, etc.
3. Los necesitas para ir a trabajar, para ir a clase...
4. La gente la compra normalmente en el supermercado.
5. Las puedes leer en casa, en el autobús, en la peluquería...
6. La usas para pagar, pero no es dinero.
7. Normalmente lo llevan las mujeres y no es una falda.
8. Las puedes comer en un restaurante o en casa.

Están hablando de...

1 reloj	☐ zapatos	☐ comida	☐ tarjeta de crédito
☐ revistas	☐ pasteles	☐ vestido	☐ pizzas

18 Busca otras cinco cosas en las páginas de *GENTE DE COMPRAS* y descríbelas con **lo, la, los, las**. En clase vas a leer tus descripciones a tus compañeros para que adivinen de qué hablas.

19 Dos hermanos están decidiendo los regalos de Navidad. Completa los diálogos con las palabras que faltan: **le, les, lo, los, la, las**. Las palabras en *cursiva* pueden servirte de ayuda.

● Pues *a la tía Alicia* podemos comprar__ un pañuelo.

○ Sí, un pañuelo o una novela.

● Y a la tía Mari, pues..., otro pañuelo.

○ ¿Otro? Mejor __ regalamos el pañuelo *a la tía Mari* y la novela a la tía Alicia.

● Muy bien. *El pañuelo* __ compro yo. ¿Compras tú la novela?

○ De acuerdo. Yo __ compro.

● *La prima Isabel* quiere unas gafas de esquí.

○ Bueno, pues __ compramos *unas gafas.*

¿ __ compras tú?

○ Vale.

● ¿Y *para los tíos* Rodrigo y María Luisa?

○ No sé, podemos comprar__ un disco. Están buscando uno de Bach que no tienen.

● Vale, pues *un disco.* ¿Quién __ compra, tú o yo?

○ Puedo comprar__ yo.

● Y *a la abuela,* ¿qué __ compramos?

○ *A la abuela* podemos comprar__ un reloj. Tiene uno que no funciona muy bien.

● Un reloj es un poco caro, ¿no?

○ Hombre, depende...

20 Pregunta el precio de estas cosas. Atención a: **cuesta/cuestan** y **este/a/os/as**.

● ¿Cuánto cuestan estos pantalones?

○ 205 euros.

● _____

○ 3 euros.

● _____

○ 84 euros.

● _____

○ 19 euros.

● _____

○ 60 céntimos.

● _____

○ 24 euros

● _____

○ 1600 euros.

● _____

○ 16 euros.

¿Cuáles de estas cosas te parecen caras o baratas? Escríbelo. Puedes usar estos adverbios: **un poco, bastante, muy, demasiado**.

Los pantalones son muy caros.

21 Gentilandia es un país imaginario con muy pocos habitantes. Su moneda oficial es el pesito. Escucha una vez esta información sobre Gentilandia y subraya los números que oigas.

444 000	20 000	50 600	3,55	200 000
44 000	650 000	6000	3500	325 000

Escucha otra vez la audición y escribe las respuestas a estas preguntas.

1. ¿Cuántos kilómetros cuadrados tiene Gentilandia? _____44 600_____

2. ¿Cuántas mujeres viven en este país? _____200,000_____

3. ¿Cuánto cuesta una cerveza en un bar? _____

4. ¿Cuánto puede costar comer en un restaurante? _____

5. ¿Cuál es el número de teléfono de la Oficina de Turismo? ___240603___

22 Mira cómo se puede responder a este tipo de preguntas. ¿Tú que tienes?

> ● ¿Tienes coche?
> ○ No, no tengo.
> ■ Sí, tengo un Seat Toledo.

1. ¿Tienes ordenador? _____

2. ¿Tienes cámara de vídeo? _____

3. ¿Tienes moto? _____

4. ¿Tienes cámara de fotos? _____

5. ¿Tienes piano? _____

6. ¿Tienes coche? _____

7. ¿Tienes guitarra? _____

8. ¿Tienes esquís? _____

23 Responde como en el ejemplo.

> ● ¿Tienes ordenador?
> ○ Sí, sí que tengo.
>   No, pero quiero comprarme uno.

1. ● ¿Necesitas gafas de sol?
   ○ _____

2. ● ¿Tienes bicicleta?
   ○ _____

3. ● ¿Te traigo unos patines?
   ○ _____

4. ● ¿Tienes cámara de vídeo?
   ○ _____

5. ● ¿Necesitas paraguas?
   ○ _____

6. ● ¿Tienes moto?
   ○ _____

7. ● ¿Necesitas botas de esquiar?
   ○ _____

8. ● ¿Tienes teléfono móvil?
   ○ _____

24 **Están hablando de unos calcetines, una chaqueta, unas botellas de cava y un perfume.**
Escribe cada cosa en el lugar correspondiente.

CUANDO DICEN: ESTÁN HABLANDO DE:

Este es un poco fuerte, ¿no?   _____

A mí me gusta esta.   _____

Estas son muy caras.   _____

Y estos, ¿cuánto valen?   _____

25 **Escucha ahora estas conversaciones**
que suceden en una tienda y
señala de qué están hablando.

4. ☐ un perfume
   ☐ unos calcetines

8. ☐ una botella de leche
   ☐ un paquete de café

1. ☐ una americana
   ☐ un pañuelo

5. ☐ unas flores
   ☐ unos pasteles

9. ☐ unos zapatos
   ☐ una cámara de fotos

2. ☐ un reloj
   ☐ unas pilas

6. ☐ una guitarra
   ☐ un disco de jazz

10. ☐ una cafetera
    ☐ unas pelotas de tenis

3. ☐ una revista
   ☐ unas cintas de vídeo

7. ☐ una novela
   ☐ un reloj

26 **Unas personas están preparando una fiesta de cumpleaños para un amigo. Completa las conversaciones con el**
verbo poder y las palabras de la lista.

| platos de plástico | bebidas | regalo | servilletas | comida | tarta de cumpleaños |

● Yo _____ traer los _____.

○ ¿Y _____ (tú) traer las _____
también?

● Carlos y Verónica _____ preparar la _____.
Cocinan muy bien.

● Nosotras tres _____ comprar el _____
en Gentishop.

● ¿Quién _____ comprar las _____?

○ Yo mismo. A ver..., coca-colas, cervezas, vino...

● Oye, ¿Javier y tú _____ hacer una
_____?

○ De chocolate, por ejemplo.

■ Vale, sí, _____ hacerla nosotros.

gente de compras

27 Lee esta carta
a los Reyes Magos.
En cada línea falta
una palabra.
Haz una señal
en el lugar donde
falta y escribe al lado
la palabra que falta.

*Queridos Reyes: este año quiero   mí
un tren eléctrico, un coche teledirigido
(tengo   pero no funciona) y un disco de
los Beatles. Me gustan mucho, y mi
madre   encantan también. Bueno, para
mi padre   un whisky escocés y una
corbata. Y a los abuelos podéis traer
una radio nueva. Necesitan   para
escuchar el fútbol y los seriales. Ah, y
para mí también una bici. Quiero   roja,
grande (tengo 7 años)   bonita.*

Gracias.

para
_____
_____
_____
_____
_____
_____
_____
_____
_____

28 Tienes que comprar un regalo. Estás dudando entre las cosas que aparecen en los cuadros.

¿Cuál compramos, este o este?   ¿Qué compramos, esto o esto?

_____   _____

_____   _____

PORTFOLIO ★★★ Así puedes aprender mejor

29 Estas son algunas de las palabras que has aprendido en esta unidad. Probablemente, muchas de ellas tienen una forma parecida en tu lengua o en alguna otra lengua que hablas. Otras palabras pueden ser parecidas, pero tener significado diferente. Son los llamados "falsos amigos".

☐ los electrodomésticos   ☐ los libros   ☐ las bebidas

☐ la comida   ☐ las joyas   ☐ las flores

☐ los medicamentos   ☐ los zapatos   ☐ las postales

☐ la ropa de hombre   ☐ el papel   ☐ las revistas

☐ los pasteles   ☐ los cosméticos   ☐ el periódico

Marca con un signo ≠ los "falsos amigos", y con un signo = las palabras semejantes en las dos lenguas. Puedes añadir a esta lista palabras (de esta unidad o de unidades anteriores) con los signos = o ≠. De esta forma, muchas personas recuerdan más fácilmente el vocabulario que aprenden.

30 También has aprendido algunos verbos: **regalar, necesitar, comprar**...

Con los verbos podemos preguntar muchas cosas: ¿Quién? ¿Qué? ¿A quién? ¿Dónde? ¿Cuándo?...

Las tres primeras preguntas son importantes para conocer el funcionamiento de los verbos:

regalar	¿Quién regala?	Una persona.
	¿Qué regala esa persona?	Una cosa.
	¿A quién regala la persona esa cosa?	A otra persona.

necesitar	¿Quién necesita?	Una persona.
	¿Qué necesita esa persona?	Una cosa u a otra persona.
	~~¿A quién necesita la persona esa cosa o persona?~~ *(Sin sentido)*	

Así sabemos si ese verbo puede llevar -o tiene que llevar- pronombre OD y pronombre OI.

¿Qué?   OD
¿A quién?   OI

¿Qué verbos conoces como regalar? ¿Y cuáles como necesitar?

Muchas veces, aunque el significado sea muy parecido en español y en tu propia lengua, las exigencias de OI y OD no son las mismas. Por eso conviene aprender, además del significado de los verbos, sus exigencias de OI y OD.

gente de compras

Autoevaluación

En general:

	☀	⛅	☁	🌧
Mi participación en clase...				
Mis progresos en español...				
Mis dificultades...				

Y en particular:

Gramática					
Vocabulario					
Fonética y pronunciación					
Lectura					
Audición					
Escritura					
Cultura					

Diario personal

La unidad *GENTE DE COMPRAS* es (muy / bastante)_____ interesante, especialmente la secuencia de Mundos en contacto, donde se habla de _____ y de _____. En mi país las costumbres son (iguales / semejantes / muy diferentes)_____.
Los nombres de las tiendas que vemos en las páginas 40 y 41 (también) son (iguales que / parecidos a / muy diferentes de)_____ los españoles. Por otra parte, es una unidad muy interesante porque ahora puedo hablar de regalos y precios. También puedo _____. Para mí, lo más difícil en esta unidad es _____

gente en forma

❶ **¿Recuerdas la lista de actividades de la página 51? ¿Cuáles crees que corresponden a cada una de estas personas?**

Come demasiado. 1, 3	Bebe demasiado alcohol. 3
Come muy poco. 2	Come mucha fruta.
Trabaja demasiado. 1	No toma azúcar. 2
Duerme poco. 1, 2	Está mucho tiempo sentado. 3
Hace mucho deporte. 2	Hace yoga. 2
Toma demasiado café. 1	Come muchos dulces. 1
Fuma demasiado. 1	Anda bastante. 2
No fuma. 2	Va en bici. ?

❷ **Escribe cada nombre junto al verbo correspondiente.**

pescado	alcohol
agua	fruta
medicamentos	cerveza
carne	café
deporte	té
gimnasia	
verduras	azúcar
chocolate	yoga
fibra	dulces

COMER: _____

BEBER: _____

TOMAR: _To Taree, To IbavEa_____

HACER: _____

❸ **¿Y tú? ¿Cuáles de las cosas del ejercicio anterior haces? Escríbelo.**
Puedes usar: mucho/a/os/as, bastante/s, poco/a/os/as, demasiado/a/os/as...

No hago mucho deporte.

4 Vas a escuchar a dos personas que contestan unas preguntas de un programa de radio. ¿Quién hace cada una de estas cosas?

	LA SEÑORA	EL SEÑOR
Anda mucho: una hora diaria.		✔
Fuma y toma café.		
Juega al tenis.		
No toma café.		
Come mucha fruta.		
Juega al golf.		
Come mucha verdura.		
Toma mucha fibra.		

5 ¿Recuerdas el nombre de todas estas partes del cuerpo? Puedes mirar los textos de las páginas 52 y 53.

la c _____

los o _____

la m _____

la p _____

la r _____

el c _____

el b _____

el p _____

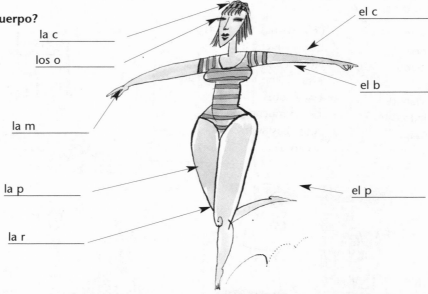

6 Escucha ahora el programa de radio "Todos en forma" y señala en el dibujo de 5 qué partes del cuerpo se nombran.

7 Vuelve a escuchar y señala a que imagen corresponde cada uno de los tres ejercicios.

8 Vas a escuchar ocho frases. Marca a qué persona gramatical se refiere cada una.

	1	2	3	4	5	6	7	8
yo								
tú								
él, ella, usted								
nosotros/as	✔							
vosotros/as								
ellos, ellas, ustedes								

9 Observa a estas personas y decide después qué información corresponde a cada una.

1. Los jueves **se levanta** a las siete para ir al mercado.
Da un paseo todos los días y **se acuesta** a las once.
Tiene dos hijos y seis nietos.

2. Los fines de semana **va** a un club de jazz.
Cada día **escribe** un correo electrónico a su novia,
que es alemana.
No **hace** mucho deporte, pero a veces va al gimnasio.

3. Los martes **juega** al fútbol con sus amigos del colegio.
Duerme siempre más de ocho horas.
Por la tarde **estudia** en casa y **ve** la tele.

4. Quieren comprar un coche, pero
ahora no tienen dinero.
Comen siempre juntos en casa: él **cocina** muy bien.
Piensan demasiado en el trabajo.

10 Fíjate ahora en los verbos en negrita del ejercicio 8 y escribe sus formas en Infinitivo.

11 Elige los verbos necesarios para completar estos diálogos. ¡Pero no se puede repetir ninguno!

| ir | levantarse | empezar | acostarse | tener | hacer | preferir | ducharse | bañarse | ver |

1. ● ¿A qué hora _____ vosotros normalmente?
○ Yo a las ocho u ocho y media, pero María a las siete y media porque _____ clase en la Universidad a las nueve.

2. ● Mi hermano Carlos _____ a las diez o diez y media de la noche.
○ ¿Y por qué tan pronto?
● Pues porque _____ a trabajar a las seis de la mañana.

3. ● Y tú, Marta, ¿qué _____ normalmente en vacaciones?
○ Bueno, nada especial, mi marido y yo _____ al apartamento de mis padres en Benidorm.

4. ● ¿Qué _____, ducharte o bañarte?
○ Bueno, pues normalmente _____, pero a veces, especialmente los fines de semana, _____.

5. ● ¿Y tus hijos _____ mucho la televisión?
○ ¡Uf! Muchísimo, dos o tres horas cada día

12 Escucha estas palabras y fíjate en los sonidos que corresponden a las grafías **r**, y **rr**. Notarás que la lengua vibra una o varias veces.

| carne | deporte | raqueta | beber | verdura | cintura | querer | aburro |
| dormir | dinero | regular | horario | Roma | | Rodríguez | |

5 EJERCICIOS

13 Arturo te cuenta en esta carta lo que hace un día normal de sus vacaciones.

> *Querido amigo:*
>
> *¿Qué tal? ¿Cómo van las vacaciones?*
> *Te escribo desde Marazuela, un pueblo muy pequeño de Castilla-La Mancha; ya sabes, el pueblo de mis padres. Estoy aquí de vacaciones con la familia. Es un lugar muy bonito pero no muy animado. Ideal para descansar y luchar contra el estrés: todas las mañanas voy a hacer la compra con mi madre al mercado y después vamos todos a la piscina municipal. Comemos siempre en casa y después duermo unas siestas maravillosas. Y luego, doy un paseo por el pueblo, tomo una cervecita con algún viejo amigo, juego a las cartas con mis hermanos o voy al cine. Como ves, no hago nada especial. Bueno, no todo es tan aburrido: algunos días hacemos excursiones por el campo (los alrededores son preciosos). Y a veces nos bañamos en un río que está muy cerca. La verdad es que me aburro un poco. ¿Quieres venir tú unos días aquí a aburrirte conmigo? ¡Aburrirse es muy bueno contra el estrés!*
>
> *Un montón de besos,*
> *Arturo*

Completa ahora este cuadro con los verbos de la carta. Añade las formas que faltan.

		aburrirse	querer			hacer	dar		
yo								tomo	
tú				duermes					
él, ella, usted			quiere		juega				va
nosotros/as									
vosotros/as	os bañáis								
ellos, ellas, ustedes						hacen	dan		

14 ¿Puedes formular una regla para sistematizar el Presente de Indicativo de los verbos en español? Consulta el cuadro del ejercicio anterior.

> En español hay tres grupos de verbos: los acabados en **-AR**, en **-ER** y en **-IR**.
> Muchos son regulares (**hablar, comer, _____**) pero también hay irregulares:
>
> – Verbos con vocal **e** que se transforma en _____ en las formas de **yo, tú, él/ella**
> y _____. Por ejemplo: **querer,** _____,...
> – Verbos con vocal **o** o **u** que se transforma en _____ en las formas de ___, ___,
> _____ y _____. Por ejemplo: _____, _____,...
> – Verbos con la forma **yo** irregular. Por ejemplo: **hacer,** _____,...

15 ¿Para qué parte o partes del cuerpo es bueno? Después, escríbelo.

montar en bicicleta	→	las piernas
nadar		los brazos
jugar al ajedrez		la espalda
dar un paseo		la cintura
bailar		el corazón
jugar al golf		la mente
jugar al tenis		la circulación
		todo el cuerpo

> Montar en bicicleta es bueno para las piernas....

16 Completa estas ideas con un elemento del cuadro según tu propia opinión.

| hay que | es bueno | tienes que | es necesario | es importante |

1. Si quieres aprender español
2. Si quieres comer bien
3. Para tener buenos amigos
4. Si quieres ganar mucho dinero

5. Para conseguir un buen trabajo
6. Para ser feliz
7. Para no tener problemas con la pareja
8. Para ahorrar/no gastar energía

17 Da un consejo práctico a cada una de estas personas. Puedes usar **tener que** + Infinitivo o **poder** + Infinitivo.

● Últimamente siempre estoy cansado.
○ _____

● Tengo un estrés horrible, no duermo bien, fumo demasiado...
○ _____

● Necesito un ordenador, pero estoy mal de dinero para comprarlo.
○ _____

● Mi suegra es viuda y está siempre en mi casa. ¡No tengo vida privada!
○ _____

● Quiero aprender español, pero ahora no puedo ir a España.
○ _____

18 Completa con: **muy, mucho, mucha, muchos** o **muchas**. ¿Cómo crees que son físicamente estas dos personas? Dibújalas o busca posibles fotografías de Paula y David en una revista.

PAULA:
Hace _____ deporte.
Es _____ simpática.
Tiene _____ amigos.
Está _____ delgada.
No come _____.
_____ fines de semana se va al campo.
Lee _____ libros de poesía.

DAVID:
Trabaja _____ horas al día.
No tiene _____ tiempo libre.
Conoce a _____ gente importante.
Viaja _____ al extranjero.
Bebe _____ cerveza.
Tiene una casa _____ grande.
No duerme _____.

19 Escribe tú ahora cinco cosas sobre Gloria usando: **muy, mucho, mucha, muchos, muchas**. Fíjate en la imagen.

20 En la unidad GENTE EN FORMA hay muchas palabras nuevas. Busca cinco palabras que te parece importante recordar y escribe también qué significan.

gente en forma

PORTFOLIO

Así puedes aprender mejor

21 En las páginas 56 y 57 del *Libro del alumno* has leído estos fragmentos. Aquí les hemos quitado algunas palabras. Si los lees como están ahora, comprobarás que entiendes perfectamente lo que quieren decir. Inténtalo, ¡pero sin mirar la página siguiente!

EL EQUILIBRIO ANÍMICO

(...) unos hábitos regulares xxxxxxxxxxx también una buena ayuda: acostarse y levantarse cada día a la xxxxxxxxxx hora, y tener horarios xxxxxxxxx diarios para el xxxxxxxxx, la comida y la cena.

LA ALIMENTACIÓN

(...) Para una dieta sana, es aconsejable xxxxxxxxx pescado dos veces por semana, como mínimo. La xxxxxxxxxx de preparar los alimentos también ayuda a xxxxxxxxxxx la cantidad de grasas: es mejor comer pescado xxxxxxxxxx que frito o con salsa. (...)

EL EJERCICIO FÍSICO

(...) No es necesario hacer ejercicios físicos fuertes o xxxxxxxxxx . El golf, por ejemplo, es un deporte ideal para xxxxxxxxxxxxxx edad. Un xxxxxxxxxxx paseo diario de una hora es tan bueno como media hora de bicicleta. (...)

¿Qué ha pasado? Exactamente lo mismo que haces cuando lees en tu propia lengua. No lees absolutamente todas las palabras y todas las letras: avanzas a saltos, a medida que entiendes.

¿Qué pasa cuando leemos en una lengua extranjera que estamos aprendiendo? Nos sentimos inseguros y queremos leerlo todo. Has comprobado que puedes entender el mensaje sin ver todas las palabras.

Así puedes aprender mejor

22 Pero también queremos aprender nuevas palabras. Cuando leemos en una lengua que no dominamos, podemos deducir el significado de las palabras por el contexto. ¡Igual que en nuestra propia lengua! Inténtalo ahora con las palabras que te proponemos y otras que tú necesites.

EL EJERCICIO FÍSICO

(...) No es necesario hacer ejercicios físicos fuertes o violentos. El golf, por ejemplo, es un deporte ideal para cualquier edad. Un tranquilo paseo diario de una hora es tan bueno como media hora de bicicleta. (...)

EL EQUILIBRIO ANÍMICO

(...) unos hábitos regulares suponen también una buena ayuda: acostarse y levantarse cada día a la misma hora, y tener horarios regulares diarios para el desayuno, la comida y la cena.

LA ALIMENTACIÓN

(...) Para una dieta sana, es aconsejable tomar pescado dos veces por semana, como mínimo. La forma de preparar los alimentos también ayuda a reducir la cantidad de grasas: es mejor comer pescado a la plancha que frito o con salsa. (...)

Cuando leemos, podemos descubrir el significado de muchas palabras y expresiones por el contexto en el que están: el tema del texto y las palabras que hay antes y después. Además, a veces su parecido con palabras de otras lenguas también nos puede ayudar.

cualquier:_____

a la plancha:_____

frito:_____

supone:_____

_____:_____

_____:_____

Por último, pregunta a tu profesor o busca en el diccionario el significado de estas palabras. ¿Tus deducciones eran correctas?

Autoevaluación

En general:

	☀	⛅	☁	🌥
Mi participación en clase				
Mi trabajo en casa				
Mis progresos en español				
Mis dificultades				

Y en particular:

Gramática					
Vocabulario					
Fonética y pronunciación					
Lectura					
Audición					
Escritura					
Cultura					

Diario personal

En la unidad GENTE EN FORMA lo que me parece más interesante es _____
_____; sin embargo, _____ no me parece tan interesante. Ahora creo que sé mucho mejor _____ aunque todavía tengo algunos problemas con _____. Con estas lecciones también he aprendido _____ y _____. En cuanto al tipo de ejercicios, en general prefiero _____ porque _____; los ejercicios del tipo _____ no me parecen muy útiles. En las páginas 58 y 59 se habla de la vida diaria de los españoles; si la comparo con la mía veo que ellos _____, mientras que nosotros _____.

gente que trabaja

1 ¿En qué profesiones son importantes estas cualidades? Puedes consultar el diccionario.

ser amable	saber escuchar	tener paciencia	ser una persona comunicativa	ser tranquilo	ser una persona organizada
vendedor					

2 Haz dos listas: las profesiones que más te gustan y las que menos te gustan. Luego escribe por qué.

Las que más me gustan

PROFESIÓN   RAZONES

Las que menos me gustan

PROFESIÓN   RAZONES

3 Piensa en tres personas de tu entorno (familiares, amigos, conocidos...) que consideras buenos profesionales. Trata de describir y de valorar su vida laboral, los aspectos positivos y negativos, como en el ejemplo.

Mi amigo Peter es músico. Toca la batería. Es un buen batería, pero ser músico no es fácil: es una profesión muy creativa pero a veces no hay trabajo y ganan poco dinero. Hay que luchar mucho.

gente que trabaja

4 Escucha estas entrevistas hechas a cinco mujeres que hablan de su vida y de su trabajo. Fíjate en las ilustraciones y anota en qué orden hablan.

Lucía

Pepa

Ana

Beatriz

Juana

5 ¿Puedes solicitar tú alguno de estos puestos de trabajo? Mira los anuncios y señala qué requisitos cumples. Luego prepara un borrador de tu currículum vitae. Utiliza frases como las del ejemplo.

> Tengo experiencia comercial. He trabajado dos años en Toyota.
> Tengo conocimientos de inglés. He estudiado un año
> en el British Council de Tokio.

MULTINACIONAL FARMACÉUTICA

Líder en investigación, necesita cubrir puestos de:

Visitador Médico

en las siguientes provincias: BARCELONA (Ref. B), MADRID (Ref. M), MALAGA (Ref. MA), SEVILLA (Ref. S), y VALENCIA (Ref. V).

Se requiere:

- Ser licenciado en Biología, Química, Farmacia o afines.
- Sin experiencia.
- Estar libre del servicio militar.
- Tener carnet de conducir.

Se ofrece:

- Integrarse en un excelente equipo de profesionales.
- Trabajo en un área de visita médica.
- Amplia posibilidad de desarrollo profesional en la empresa.
- Interesantes condiciones salariales en función de la experiencia y el perfil del candidato.
- Coche de empresa.
- Importantes beneficios sociales.

Las personas interesadas deberán enviar Curriculum Vitae con fotografía reciente al **Apdo. Correos 13217 - 28080 Madrid**, indicando la **referencia correspondiente**.

NUEVA INSTALACIÓN HOTELERA

Précisa para Valencia

DIRECTOR DE HOTEL

Se requiere:
- Edad de 35 a 45 años.
- Experiencia mínima de 5 años en gestión.
- Experiencia en dirección de equipos.
- Conocimientos de inglés y francés. ✔

Se valorará:
- Experiencia comercial. ✔
- Experiencia de puesta en marcha de proyectos empresariales.
- Capacidad de comunicación y relaciones humanas.

Se ofrece:
- Contrato fijo.
- Remuneración a convenir.
- Incorporación en el mes de septiembre.

Interesados enviar Curriculum Vitae y fotografía reciente a Eme O Comunicación, c/ Moratín, 11, 46002 Valencia. Ref. 333. Se garantiza confidencialidad absoluta.

ENTIDAD FINANCIERA DE PRIMER ORDEN

precisa

PROMOTORES COMERCIALES

PARA TODA ESPAÑA
PARA CAMPAÑA COMERCIAL A PARTIR DE SEPTIEMBRE

Se requiere:
- Edad hasta 28 años.
- Facilidad de trato y capacidad de relación.
- Buena presencia/dinamismo.
- Dotes comerciales.
- Preferentemente universitarios.
- Experiencia comercial (preferible en sector financiero).

Se ofrece:
- Contrato con alta en Seguridad Social.
- Formación a cargo de la empresa.
- Retribución fija + incentivos.

Interesados, llamar al teléfono (91) 383 33 80 y enviar currículum por fax (91) 383 24 00 / 91 50 o por correo, calle de Arturo Soria, 343, 4ª planta, 28033 Madrid.

6 Elvira, Gerardo y Gracia son tres jóvenes parados que no encuentran trabajo en su profesión. ¿Qué puestos del ejercicio anterior les recomiendas?

GERARDO PALENCIA VERA

Tiene 26 años.
Ha sido vendedor de coches y representante de una fábrica de plásticos.
Ha hecho el servicio militar.
Tiene carnet de conducir.
Es veterinario.

ELVIRA RUIZ DAZA

Tiene 28 años.
Es licenciada en Ciencias Políticas.
Le encanta viajar.
Es muy comunicativa.
Habla inglés, alemán y francés.
Ha trabajado en una agencia de viajes.
No tiene carnet de conducir.

GRACIA VERA GABILONDO

Tiene 36 años.
Es licenciada en Económicas.
Ha vivido dos años en Irlanda y habla muy bien inglés.
Sabe conducir.
Ha trabajado seis años como directiva en una empresa de productos químicos.
Le interesa mucho el trabajo en equipo.

Elvira puede solicitar el puesto de _____ porque _____.

Gerardo puede solicitar el puesto de _____ porque _____.

Gracia puede solicitar el puesto de _____ porque _____.

7 Debes hacer una entrevista para seleccionar a una persona que tiene que trabajar contigo. Elige las cinco preguntas que te parecen más importantes. Puedes proponer otras.

- ¿Le gusta el trabajo en equipo?
- ¿Tiene usted experiencia en ventas?
- ¿Tiene sentido del humor?
- ¿Habla idiomas?
- ¿Es usted una persona comunicativa?
- ¿Sabe usted decir mentiras?

- ¿Sabe hablar en público?
- ¿Es usted ordenado?
- ¿Sabe manejar un ordenador?
- ¿Tiene carnet de conducir?
- ¿Le gusta viajar?
- ¿Tiene paciencia?

8 ¿Qué palabras usamos con cada uno de estos verbos? Algunas pueden acompañar a más de uno.

ESTAR DISPUESTO A	SABER	TENER	TOCAR	HACER	ESCRIBIR	SER

escuchar   idiomas   experiencia   buena presencia   un instrumento   paciencia

poesía   buen carácter   dinámico/a   deporte   trabajar en equipo   el piano   sociable

tímido/a   informática   teatro   voluntad de progresar   viajar   novelas   gimnasia

9 ¿Qué idiomas hablas, además de tu lengua y el español? ¿Qué nivel tienes?

EL ESPAÑOL. Lo hablo y lo leo un poco. Lo entiendo bastante. Lo escribo sólo un poco.

gente que trabaja

10 Seguro que hoy has hecho algunas de estas cosas antes de venir a clase. Señálalo y completa los datos.

He ido de compras. He comprado _____.

He visto a un/a amigo/a en _____.

He hablado por teléfono _____ veces con _____.

He navegado por Internet _____ minutos.

He perdido un/a _____.

Me he enfadado con _____.

Me he puesto nervioso/a _____ veces.

He escrito un e-mail a _____.

He leído una noticia interesante en el periódico: _____.

He conducido _____ kilómetros.

He venido a la escuela en _____.

He encontrado en la calle a _____.

He visto en la tele _____.

He escuchado música: _____.

He visitado a _____.

He nadado en la piscina _____ minutos.

He ido al médico _____.

He hablado español con _____.

He pagado una factura de _____.

He ido a la peluquería y me he _____ el pelo.

Me he comprado ropa: un/a _____.

He ido al gimnasio y he _____.

11 Escucha de nuevo el diálogo de Alicia (página 63 del *Libro del alumno*). Oirás los verbos de esta lista, unas veces en Presente y otras en Pretérito Perfecto. Marca con una X cada vez que los oigas.

	PRESENTE	PRETÉRITO PERFECTO		PRESENTE	PRETÉRITO PERFECTO		PRESENTE	PRETÉRITO PERFECTO
hablar			viajar			tener		
gustar			estar			trabajar		
encantar			ser			terminar		
estudiar			llamarse			empezar		
estudiar			ser			gustar		
vivir			empezar			conocer		
hablar			empezar			viajar		
vivir			acompañar			aprender		
estar			estudiar					

12 Vas a escuchar tres entrevistas hechas a unos españoles que buscan trabajo: Pepe, Clara y Amalia. Marca con una X en el lugar correspondiente.

	PEPE	AMALIA	CLARA
Ha estudiado en la Universidad.			
Ha trabajado tres años en una empresa danesa.			
Ha hecho el servicio militar.			
Ha trabajado de camarero/a.			
Ha estudiado Ciencias Exactas.			
Ha trabajado en el extranjero.			
Ha dado clases en una universidad privada.			
Habla tres idiomas extranjeros.			
Ha trabajado y estudiado al mismo tiempo.			
Ha hecho la tesis doctoral.			
Habla inglés.			
Ha vivido en Francia y en Alemania.			

13 Completa la lista con nombres de famosos. ¿Cuántos puedes encontrar?
Calcula cuántos minutos tardas en hacerlo y anótalo.

DATOS	NOMBRE
Ha ganado un Óscar.	
Ha ganado Wimbledon.	
Ha sido presidente de los Estados Unidos.	
Ha luchado contra el racismo.	
Ha trabajado con Humphrey Bogart.	
Ha escrito novelas en español.	
Ha estado en la cárcel.	
Ha vivido en Cuba.	
Ha tocado muchas veces con John Lennon.	
Ha hecho una película con Marilyn Monroe.	
Ha trabajado con Spielberg.	
Ha jugado en el Barça, el equipo de fútbol de Barcelona.	
Ha escrito una novela en francés.	
Ha participado en unas olimpiadas.	

He completado _____ personajes.

14 Escribe una lista con las cosas más interesantes de tu ciudad y de tu región para un turista.

Después, imagina que tienes en tu casa a unos amigos españoles. Hoy han visitado tu ciudad y los alrededores. Cuando regresan a casa, te interesas por lo que han hecho. ¿Qué preguntas les haces? Puedes usar: **visitar...**, **estar en...**, **ir a...**, **subir a...**, **entrar en...**

¿Habéis entrado en el Palacio Real? ¿Os ha gustado?

Y, ahora, piensa que tus amigos no son españoles, sino chilenos. Las preguntas deben ser formuladas en la forma **ustedes.**

¿Qué han hecho hoy? ¿Han visitado el Museo del Prado? ¿Les ha gustado?

15 Escucha las siguientes preguntas y trata de contestarlas.

● ¿Hablas italiano?
○ Sí, un poco.

16 En español todas las palabras tienen una sílaba fuerte. Escucha estas palabras.
¿Cuáles son las sílabas fuertes? Enciérralas en un círculo.

tra-ba-jar	mo-nó-to-no	pro-fe-sio-nal	á-ra-be
tra-ba-ja-dor	rá-pi-do	in-glés	me-xi-ca-no
puer-ta	gui-ta-rra	pro-fe-sión	pe-li-gro
ga-nar	Mé-xi-co	tra-ba-ja-do	mú-si-co .

gente que trabaja

17 ¿Sabes hacer estas cosas? Primero, señálalo en el cuadro y, luego, escribe cinco frases.

	muy bien	bien	regular	no sé
cocinar				
bailar				
jugar al tenis				
nadar				
esquiar				
cantar				
escuchar a los demás				
hablar en público				
disimular				
dibujar				
escribir				
contar chistes				

No sé dibujar.
Dibujo bastante bien.

_____

_____

_____

_____

_____

18 ¿Estás trabajando? Describe tu puesto de trabajo. Si lo necesitas, consulta el diccionario.

PORTFOLIO

Soy _____ *(y / pero) trabajo en*
_____, *que está en* _____.
Es (una profesión / un trabajo) muy _____
porque _____. *Tiene cosas buenas:* _____
_____ *y* _____. *Pero también aspectos*
negativos: _____
_____.
Mis compañeros de trabajo son _____.
Mi jefe es _____.
El ambiente, en general, es _____ *porque* _____.

19 ¿Recuerdas cómo se forman los Participios? Estos son los Infinitivos de algunos verbos que ya han aparecido en el curso.

INFINITIVO	PARTICIPIO	INFINITIVO	PARTICIPIO	INFINITIVO	PARTICIPIO
jugar	⟶ jugado	buscar	⟶	escribir	⟶
beber	⟶	pagar	⟶	escuchar	⟶
ir	⟶	visitar	⟶	desayunar	⟶
dormir	⟶	alquilar	⟶	leer	⟶
tener	⟶	pronunciar	⟶	estar	⟶

Así puedes aprender mejor

20 Sin leer estos textos, ¿sabes...

– cuál habla de trabajo, cuál de viajes y cuál de compras?
– en cuál puedes encontrar las siguientes palabras?

empresa
verano
Caribe
resistente
Recursos Humanos
isla
medidas

Veraneando a ritmo de merengue

DESTINO	HOTEL	RÉGIMEN	DÍAS	desde JULIO	AGOSTO	SEPTIEMBRE
PUERTO PLATA	H. Española (Tur. Sup.)	HD	9	104.800	115.500	94.200
PUNTA CANA	H. Iberostar Riviera (Lujo)	MP	9	147.800	152.600	155.100
CANCUN	H. Tropical Mayan (1ra)	HA	9	108.000	125.000	116.000
LA HABANA	H. Villa Panamericana (Tur.) 2 pers.	HA	11	112.200	129.100	105.100
VARADERO	H. Mar del Sur (Tur. Sup.) 2 pers.	HA	9	106.400	109.400	98.700
CARTAGENA DE INDIAS	H. Cartagena Plaza (Tur. Sup.)	HA	9	114.000	129.000	109.000
ISLA MARGARITA	H. Margarita Intern. (1ra) 4 pers.	HA	9	92.500	109.400	103.100
ARUBA	H. Holiday Inn ****	HA	9	113.500	123.500	118.500
NUEVA YORK	H. Pennsylvania (Tur. Sup.)	HA	9	147.700	150.100	136.100
MALDIVAS	H. Kuredu (Tur.)	MP	9	160.100	196.300	157.500
SAFARI EN KENIA	H. (Tur. Sup.)	MP/PC	9	152.900	214.000	160.300

Este verano tus caderas te dirán basta. Se van a volver locas de alegría en cuanto les digas que no paramos de bailar en el Caribe. Cancún, Varadero, Isla Margarita, La Habana. No dejes escapar la oportunidad de pasar unas locas vacaciones a ritmo de merengue en el cálido Caribe.

¡Qué locura!

Robert Bosch España, S.A.

Precisa cubrir dos puestos:

VENDEDORES
para el sector de
REPUESTOS DEL AUTOMOVIL

La zona de trabajo estará ubicada dentro de un radio de acción de 300 Km. alrededor de Madrid

Se requiere:
• Formación a nivel de Ingeniero Técnico o similar
• Experiencia mínima de 5 años en venta repuestos del automóvil
• Carnet de conducir
• Disponibilidad para viajar

Se ofrece:
• Formar parte de la plantilla
• Salario fijo más parte variable en función de consecución de objetivos
• Coche por cuenta de la empresa
• Formación continuada

Las personas interesadas pueden dirigirse, indicando en el sobre la referencia VENDEDORES, a:
Robert Bosch España
Financiación y Servicios, S.A.
Selección y Desarrollo de Recursos Humanos
Apartado de Correos 35106
28080 MADRID

BOSCH

El maletín más completo para llevar su PC portátil, el móvil, cables, discos...

Ligero, muy resistente y con multitud de compartimentos específicamente diseñados para cada cosa

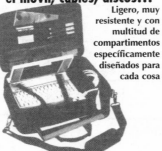

Este maletín Porta-PC es la mejor solución para llevar su "despacho móvil" a todas partes con la máxima seguridad para su PC, con todo lo que necesite en perfecto orden y con el teléfono móvil, la agenda, los bolígrafos, etc. siempre a mano.
No encontrará otro con estas características:
• Estructura resistente de vinilo reforzado con nylon.
• Paneles acolchados de protección.
• Compartimentos especiales para diskettes, cables, baterías, etc.
• Bolsillo exterior para teléfono móvil.
• Tres compartimentos exteriores para documentos y carpetas.
• Bolsillos y bandas interiores para tarjetas, bolígrafos, etc.
• Bandas de ajuste con velcro para sujetar cualquier PC portátil.
• Bandolera reposicionable de medida ajustable.
Por su funcionalidad, su sorprendente capacidad, su ligereza y su elegante diseño, el Maletín Porta PC es una alternativa ventajosa al maletín rígido convencional, más segura para tu ordenador y más práctica.
Medidas 42 x 28 x 16,5 cm

Entender un texto no significa entender cada una de sus palabras. Entender un texto es obtener la información que contiene y que nos interesa. Para ello nos ayuda el conocimiento del vocabulario y de la gramática. Pero también, y sobre todo, nos ayuda el conocimiento que tenemos sobre la realidad y sobre las formas habituales de los textos.

Autoevaluación

En general:

	☀	🌤	⛅	☁
Mi participación en clase				
Mi trabajo en casa				
Mis progresos en español				
Mis dificultades				

Y en particular:

Gramática					
Vocabulario					
Fonética y pronunciación					
Lectura					
Audición					
Escritura					
Cultura					

Diario personal

En esta unidad he aprendido (muchas / bastantes / pocas) cosas nuevas. Ha sido interesante la actividad _____, y lo que menos me ha gustado ha sido _____. He tenido problemas con _____. Creo que ahora puedo hablar del mundo del trabajo (muy bien / bien / regular / con muchos problemas), puedo describir mi profesión o la de otros (muy bien / bien / regular / con muchos problemas). También puedo _____ y _____. Hay cosas difíciles, como por ejemplo, _____ porque en mi lengua (es / son) (muy / bastante) diferente/s. No entiendo del todo bien _____. Tengo que preguntárselo al profesor o pensar sobre el tema.

gente que come bien

1 Mira las páginas 70 y 71 del *Libro del alumno*. **Escribe los nombres de los productos en el lugar que corresponda, según tus gustos.**

Me gusta muchísimo...

la uva

No me gusta mucho...
_____

Nunca he probado...
_____

Me gustan muchísimo...
_____

No me gustan mucho...
_____

Me gusta bastante...
_____

No me gusta nada...
_____

Me gustan bastante...
_____

No me gustan nada...
_____

2 Completa estas dos listas de la compra.

paquetes	kilos
docena	gramos
cartón	latas
litros	paquete
barra	botella

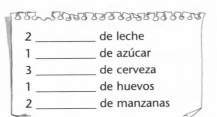

2 _____ de leche
1 _____ de azúcar
3 _____ de cerveza
1 _____ de huevos
2 _____ de manzanas

1 _____ de leche
1 _____ de vino tinto
250 _____ de queso
3 _____ de macarrones
1 _____ de pan

3 En el supermercado Blasco hay un empleado nuevo. ¿Puedes ayudarle a colocar cada producto en su sitio?

chorizo   leche   cerveza   truchas   jamón   gambas   fresas   naranjas   cava
limones   cordero   espárragos   manzanas   cerdo   cebollas   vino   pollo   sardinas

VERDURA	PESCADO	CARNE	FRUTA	BEBIDAS

4 Escucha este diálogo en una tienda de comestibles y señala la respuesta.

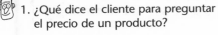

1. ¿Qué dice el cliente para preguntar el precio de un producto?

☐ ¿Cuánto valen las fresas?

☐ ¿A cuánto están las fresas?

☐ ¿Cuánto cuestan las fresas?

2. ¿Y para preguntar el precio total?

☐ ¿Cuánto es todo?

☐ ¿Cuánto vale todo?

☐ ¿Cuánto cuesta todo?

3. ¿Qué artículos compra?

☐ Fresas, huevos y azúcar.

☐ Jamón, azúcar y fresas.

☐ Leche, jamón y huevos.

5 Completa ahora este diálogo en una tienda.

● Hola, buenos días. ¿Qué le pongo?

○ _____

● Pues sí, tenemos estos, que son fantásticos.

○ _____

● Un kilo, muy bien. ¿Algo más?

○ _____

● A dos euros la docena.

○ _____

● Pan no tenemos. Lo siento.

○ _____

● A ver, son... 3 euros con 20 céntimos.

○ _____

● Gracias a usted. Hasta luego.

○ _____

6 ¿Te alimentas de forma sana? Contesta a este test.

¿Comes carne de cerdo?
- [ ] a. Sí, una vez por semana.
- [ ] b. Sí, cinco veces por semana.
- [ ] c. No, nunca.

¿Comes huevos?
- [ ] a. Sí, dos por semana.
- [ ] b. Sí, cada día.
- [ ] c. No, casi nunca.

¿Tomas alcohol?
- [ ] a. Sí, un poco de vino con las comidas.
- [ ] b. Sí, todos los días tomo alguna copa (whisky, coñac) y cerveza.
- [ ] c. No, no tomo alcohol.

¿Comes "comida rápida"?
- [ ] a. Sí, de vez en cuando.
- [ ] b. Sí, a menudo.
- [ ] c. No, nunca he estado en un MacDonald's.

¿Bebes agua?
- [ ] a. Sí, un litro y medio al día.
- [ ] b. ¿Agua? Sí, en la ducha.
- [ ] c. Sí, tres litros al día.

¿Comes pescado?
- [ ] a. Sí, dos o tres veces por semana.
- [ ] b. No, no me gusta. Tiene espinas.
- [ ] c. No me gusta mucho, pero lo como porque es sano.

Las ensaladas...
- [ ] a. me gustan.
- [ ] b. ¡Qué horror!
- [ ] c. son mi plato preferido.

número de respuestas **a:**   número de respuestas **b:**   número de respuestas **c:**

RESULTADO

Si tienes mayoría de respuestas **a:** te alimentas equilibradamente.
Si tienes mayoría de respuestas **b:** cuidado, tienes que cambiar algunos hábitos.
Si tienes mayoría de respuestas **c:** te alimentas bien pero no hay que exagerar. No hay que ser tan estricto con la dieta...

7 Haz una lista con todos los marcadores de frecuencia del ejercicio anterior. Luego escribe algunas frases, con esas expresiones, explicando tus hábitos.

> Voy a nadar dos veces por semana.

8 Lee estas definiciones de platos típicos españoles. ¿Sabes cómo se llama cada uno?

1
Es una sopa fría, de origen andaluz. Se hace con tomates, pimientos, cebolla, pan, ajo, aceite, vinagre y agua. Se toma especialmente en verano.

2
Son trozos de tomate, pimiento, cebolla y otras verduras, cocinados muy despacio. Se toma con huevos fritos. Es un plato muy típico de La Mancha.

4
Es un plato típico de Madrid. Lleva muchísimas cosas: garbanzos, chorizo, carne de cerdo, verduras, etc. Primero, se toma una sopa de fideos y, luego, las verduras y las carnes con las que se ha hecho la sopa. Se come especialmente en invierno porque es un poco pesado.

3
Es el plato español más conocido. El ingrediente principal es el arroz, pero lleva muchas otras cosas: se puede poner pescado, pollo, conejo u otras clases de carne. Lleva algunas verduras y, muchas veces, marisco. Su origen está en Valencia, pero se toma en todo el país.

☐ PISTO   ☐ PAELLA   ☐ COCIDO   ☐ GAZPACHO

9 ¿Sabes qué es cada cosa? En vertical leerás un producto típico español.

UN PRODUCTO TÍPICO ESPAÑOL

1. Es una fruta que se cultiva mucho en el Mediterráneo. Su zumo se toma muy a menudo para desayunar.
   _ _ _ _ _ ☐ _

2. Es un objeto metálico para conservar alimentos.
   _ ☐ _ _

3. Es un marisco rojo, muy rico a la plancha. Se pone también en la paella.
   _ _ ☐ _ _

4. Se toma después del segundo plato.
   _ ☐ _ _ _ _

5. Es una bebida. Puede ser blanco, tinto o rosado.
   _ _ ☐ _

10 En una paella, ¿cuáles de estos ingredientes puedes encontrar? Señálalo y, depués, discútelo con tus compañeros.

☐ nueces   ☐ sardinas   ☐ alcachofas   ☐ huevo duro   ☐ arroz

☐ garbanzos   ☐ guisantes   ☐ almendras   ☐ mejillones   ☐ pollo

☐ pimientos   ☐ jamón   ☐ queso   ☐ zanahorias   ☐ gambas

● ¿La paella lleva nueces?
○ No, no, nueces, no.

11 En Casa Leonardo hay un nuevo chef extranjero que tiene problemas para ordenar todos estos platos. ¿Puedes ayudarle?

– gambas al ajillo

– filete de ternera con patatas

– flan

– tarta de limón

– helado

– gazpacho

– fideuá

– calamares a la romana

– huevos con chorizo

– manzana

– pollo asado

– merluza a la romana

– espárragos con mayonesa

Menú del día

Primer plato	Segundo plato	Postre

¿Puedes añadir tú otros platos al menú de Casa Leonardo?

12 ¿Por qué no escribes tu propio menú del día? Seguramente necesitarás el diccionario. A lo mejor algunas cosas no se pueden traducir.

Mi menú favorito

De primero
_____
_____
_____

De segundo
_____
_____
_____

De postre
_____
_____
_____

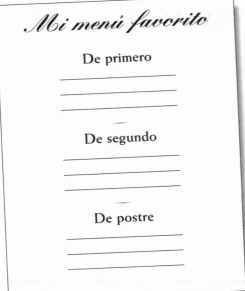

13 **¿Puedes completar este crucigrama con el nombre de estos objetos de cocina?**

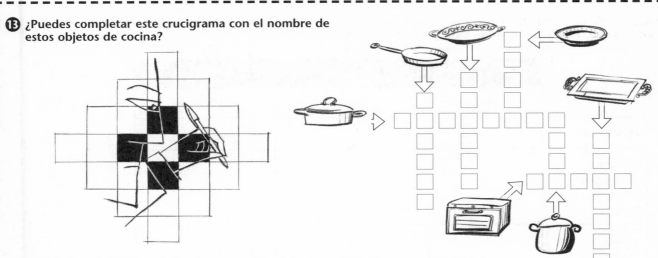

14 **Si quieres obtener la receta completa del puré de manzana, tienes que relacionar los elementos de la primera columna con los de la segunda.**

Se pelan — un poco de mantequilla en una cacerola

y se cortan — las manzanas con un poco de sal.

Después, se calienta — durante diez minutos.

y se añaden — las manzanas

Se pone — en trozos pequeños.

y se hierve todo — un vaso de agua y medio de vino blanco

15 **Sonia, la mujer de Pepe Corriente, nos explica lo que han comido hoy. Lee el texto y complétalo con las siguientes palabras.**

| al horno |
| tapas |
| patatas |
| fruta |
| aperitivo |
| leche |
| bocadillo |
| mantequilla |
| postre |
| zumo |

Hoy, para desayunar, hemos tomado un café con _____ , _____ de naranja y pan con _____ y mermelada. A eso de las dos hemos ido a una cervecería del centro para tomar el _____ con unos amigos: un par de vinos y unas _____ . Hemos comido tarde, a las tres y pico, en casa de la madre de Pepe. Nos ha preparado un pescado _____ con _____ que estaba riquísimo, y de _____ ha hecho natillas. Para cenar, yo no he tomado casi nada, solo un poco de _____ , pero Pepe se ha preparado un _____ de jamón y queso.

16 **¿Puedes encontrar dos ejemplos de alimentos para cada categoría? ¡Pero sin repetir ninguno!**

PORTFOLIO

– Se comen crudos: plátanos, _____ .

– Se hacen en una sartén: _____ , _____ .

– Se hierven: _____ , _____ .

– Se asan en el horno: _____ , _____ .

– Se hacen a la plancha: _____ , _____ .

– Llevan salsa: _____ , _____ .

– Se comen sin sal: _____ , _____ .

– Se pelan: _____ , _____ .

gente que come bien

17 El hotel balneario Gente Sana ofrece un programa de adelgazamiento. Los clientes pueden adelgazar seis kilos en tres días, pero de una forma sana. ¿Puedes elaborar el menú? Haz una propuesta para discutirla con tus compañeros.

* * * HOTEL BALNEARIO **GENTE SANA**...* * *			
	VIERNES	SÁBADO	DOMINGO
Desayuno			
Almuerzo Primer plato Segundo plato Postre			
Cena Primer plato Segundo plato Postre			

18 Esta receta tiene un problema lingüístico: se repiten muchos nombres. ¿Puedes corregir el texto utilizando los pronombres Objeto Directo **lo**, **la**, **los**, **las**?

POLLO CON CIRUELAS

Ingredientes

(para cuatro personas):

1 pollo mediano

2 vasos de vino blanco

1 cebolla grande

1 vaso (pequeño) de jerez

250 gr. de ciruelas pasas

sal y pimienta

Preparación

Primero, hay que cortar el pollo en trozos y limpiar *los trozos de pollo* y salar *los trozos*. Después, poner un poco de aceite en una cacerola, calentar *el aceite* y freír el pollo por los dos lados durante diez minutos, retirar *el pollo* y guardar *el pollo*. En el mismo aceite, echar la cebolla y freír *la cebolla*. Es mejor freír *la cebolla* a fuego lento, así no se quema. Luego, añadir el pollo y poner en la cacerola las ciruelas y mezclar bien *las ciruelas* con el pollo y con la cebolla. Añadir el vino y el jerez y dejar cocer durante 25 minutos.

19 ¿Puedes poner un poco de orden en este diálogo que pasa en un restaurante?

CAMARERO

- ¿Qué va a tomar?
- ¿Y para beber?
- Ahora mismo. ¿De postre quiere algo?
- Es bacalao fresco, fantástico...
- ¿Y de segundo?

CLIENTE

○ Pues entonces bacalao.

○ Por favor, un poco más de agua.

○ Pues de primero la sopa de la casa.

○ No gracias. Un café solo y me trae la cuenta, ≥ por favor.

○ Agua mineral sin gas.

○ A ver... ¿El bacalao qué tal?

● _____

○ _____

● _____

○ _____

● _____

○ _____

● _____

○ _____

(un rato después)

○ _____

● _____

○ _____

Así puedes aprender mejor

20 Escucha esta discusión entre dos personas y contesta después a las preguntas.

1. ¿Qué relación existe entre los dos?
   - ☐ a. Amigos que viven juntos.
   - ☐ b. Madre e hijo.
   - ☐ c. Marido y mujer.

2. ¿Dónde están?
   - ☐ a. En la calle.
   - ☐ b. En la casa donde viven los dos.
   - ☐ c. En casa de unos amigos.

3. ¿De qué están hablando?
   - ☐ a. De problemas domésticos.
   - ☐ b. De política.
   - ☐ c. De problemas del trabajo.

4. ¿Qué actitud tiene la mujer?
   - ☐ a. Está nerviosa.
   - ☐ b. Está triste.
   - ☐ c. Está enfadada.

5. ¿Por qué?
   - ☐ a. Por la actitud del hombre en la casa.
   - ☐ b. Porque el hombre bebe mucho.
   - ☐ c. Porque ella siempre habla así.

6. ¿Y qué actitud tiene el hombre?
   - ☐ a. Está sorprendido.
   - ☐ b. Está enfadado.
   - ☐ c. Está alegre.

7. ¿Qué te ha ayudado a contestar estas preguntas?

8. Vuelve a escuchar la conversación. ¿Necesitas conocer todas las palabras para entender la situación?

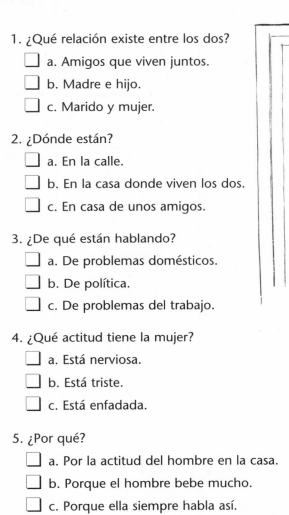

Entender una conversación es algo más que entender lo que se dice: es comprender lo que pasa. Para conseguirlo no es necesario saber qué significan todas las palabras. Lo acabas de comprobar, ¿no?

Autoevaluación

En general:

	☀	🌤	⛅	☁
Mi participación en clase				
Mi trabajo en casa				
Mis progresos en español				
Mis dificultades				

Y en particular:

Gramática					
Vocabulario					
Fonética y pronunciación					
Lectura					
Audición					
Escritura					
Cultura					

Diario personal

En las secciones de GENTE QUE COME BIEN me ha parecido muy interesante _____, pero no me ha parecido tan interesante _____. Creo que he aprendido mucho sobre _____ aunque me parece que todavía tengo problemas con _____. También he aprendido _____ y _____. Para no olvidar palabras nuevas lo que hago es _____ y a veces también _____. Me gustaría pedirle al profesor más actividades para practicar _____. En general, desde el principio del curso, creo que he avanzado (muchísimo/mucho/bastante/poco).

gente que viaja

1 Mira la cartera de Ariadna Anguera en la página 81 del *Libro del alumno*. Observa las cosas que lleva y cierra el libro ¿Cuáles de estas cosas hay en la cartera? Márcalas.

___ plano de la ciudad	☐	___ mapa de carreteras	☐	___ guía de hoteles	☐
___ agenda personal	☐	___ agenda de trabajo	☐	___ tarjetas de crédito	☐
___ llaves de casa	☐	___ guía de teléfonos	☐	___ calculadora	☐
___ pasaporte	☐	___ teléfono móvil	☐	___ billetes de avión	☐
___ llavero	☐	___ ordenador portátil	☐	___ cámara fotográfica	☐
___ calendario	☐	___ tarjetas de visita	☐	___ moneda extranjera	☐
___ gafas de sol	☐	___ llaves del coche	☐	___ billetes de banco	☐

2 Ahora, escribe delante de cada palabra el artículo determinado (**el, la, los, las**). Escribe también cuáles de estas cosas has necesitado en tu último viaje.

3 Mira la agenda de la página 81 del *Libro del alumno*. Imagina que hoy es jueves 24 de abril y que son las seis de la tarde. ¿Las siguientes afirmaciones son verdaderas o falsas?

	VERDADERO	FALSO
a. Ya ha comido con Jean Pierre.	☐	☐
b. Todavía no ha ido a Valencia.	☐	☐
c. Todavía no ha jugado al tenis con Jaime.	☐	☐
d. Ya ha estado en París.	☐	☐
e. Ha ido a la cena de cumpleaños de su madre.	☐	☐
f. Va a ver al señor Puig.	☐	☐

¿Puedes escribir otras tres cosas que ya ha hecho y tres que todavía no ha hecho Ariadna esta semana?

4 Ordena estos marcadores de tiempo, a partir de hoy.

dentro de tres años	el martes que viene	pasado mañana	el mes que viene
el domingo		mañana	el 24 de abril
el 25 de noviembre		en marzo de 2012	

5 **¿Qué cosas haces normalmente antes, durante y después de un viaje? Ordénalas. Puedes también añadir otras cosas.**

- comprar los billetes
- revelar las fotos
- planchar camisas
- hacer fotos
- deshacer la maleta
- comprar regalos
- hacer la maleta
- alquilar un coche
- cambiar dinero
- escribir postales

ANTES

DURANTE

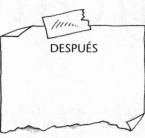

DESPUÉS

6 **Este texto ya lo has leído en el *Libro del alumno*. Escribe ahora las palabras que faltan.**

EL CAMINO DE SANTIAGO

Desde la Edad Media _____ hoy, miles de peregrinos cruzan los Pirineos y viajan _____ el oeste, hasta la tumba del Apóstol Santiago, en la _____ de Santiago de Compostela.

Los peregrinos van a _____ , a caballo o en bicicleta; por motivos religiosos, turísticos o _____. Algunos viajan solos y _____ , en grupo, con _____ o con la familia. De Roncesvalles a Compostela encuentran iglesias románicas, _____ góticas, pueblos pintorescos, paisajes _____ variados... Y cada pocos kilómetros, una posada, un lugar donde se puede _____ gratis, normalmente con camas y duchas.

7 **Si has resuelto bien el ejercicio 2 de la página 82 del *Libro del alumno*, podrás responder a estas preguntas que vas a escuchar.**

NOMBRE DEL PEREGRINO

1. _____   4. _____   7. _____

2. _____   5. _____   8. _____

3. _____   6. _____   9. _____

8 **Tienes este horario de trenes Madrid-Segovia, pero cuando llamas a Información de RENFE (Red Nacional de Ferrocarriles Españoles) para confirmar que es correcto, un contestador automático te explica el nuevo horario. Hay algunos cambios. ¿Puedes marcarlos?**

MADRID	SEGOVIA
6.17	8.13 (1)
10.17	12.05
14.17	16.06
16.23	18.01 (1)
20.17	22.10 (2)

(1) Laborables, excepto sábados.
No circula: 1/5, 25/12, 1/1
(2) Diario, excepto domingos.

9 Vas a escuchar a una persona que está reservando una habitación en un hotel. Ordena las intervenciones del recepcionista que habla con él.

___ Muy bien, del lunes 10 al jueves 13 ¿a qué hora van a llegar?

___ De acuerdo, no hay ningún problema.

___ ¿Para cuántos días?

___ ¿De la mañana?

___ 75 euros la doble y 67 la individual.

___ Sí, sí, todas son con baño.

`1` Sí, para ese día hay alguna libre.

> **H**
> *** * ***
>
> HOTEL UNIVERSIDAD
> *** * ***
>
> • A un paso de la Ciudad Universitaria y de los centros de negocios.
> • A 10 minutos del Paseo de la Castellana.
> • 120 habitaciones con aire acondicionado.
> • Tranquilo y bien comunicado.
> • Sauna y *Fitness*.

10 Mira los horarios de estos establecimientos. Escucha las conversaciones y decide si van a encontrar abierto en el momento en el que hablan.

> *La Gaviota*
> ESPECIALIDADES MARINERAS
> 13h-17h y 20.30h-24h
> (lunes noche y martes descanso semanal)

> **EL CORTE FIEL**
> ¡ESTE DOMINGO ABRIMOS!
> Liquidación total por fin de temporada.
> ¡Venga a ver nuestras increíbles rebajas de 9h a 21h todos los días!

> *Mikis*
> Jazz en directo todas las noches hasta las 4h

¿Van a encontrar abierto?
Sí ☐ No ☐

¿Van a encontrar abierto?
Sí ☐ No ☐

¿Van a encontrar abierto?
Sí ☐ No ☐

11 Imagina que hoy tenías que hacer todas estas cosas. Ahora son las cuatro de la tarde. Señala cinco cosas e imagina que ya las has hecho (las que quieras). Tu compañero te puede hacer ocho preguntas para intentar descubrir cuáles son.

> ● ¿Ya has comprado el pan?
> ○ Sí, ya lo he comprado.
> No, todavía no

TU COMPAÑERO

Ya ha...

– Escribir una postal a Teresa, una amiga española.
– Ir al banco.
– Comprar el pan.
– Preparar la cena.
– Planchar tres camisas.
– Llamar por teléfono a tus padres.
– Recoger una chaqueta en la tintorería.
– Sacar los billetes de avión para París.
– Hacer los ejercicios de español.
– Pagar la luz y el teléfono.

12 La soprano Renata Yacallé tiene una agenda muy apretada. Su secretaria está enferma y la diva no entiende bien sus notas. ¿Puedes ayudarla? Escribe tú ahora dónde crees que va a cantar y en qué fecha.

Par. 13 y 25 jul.   *Mil. Mar-30-sep.*   *Sid. 1 y 2 sep.*   *Barc. 15-20 jul.*   *Rom. V-2-oct.*   *L.A. 22-ag.*

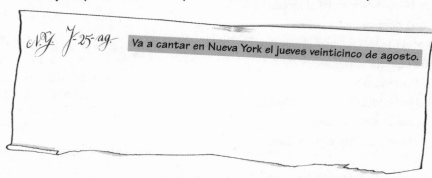

Va a cantar en Nueva York el jueves veinticinco de agosto.

13 En clase, vais a leer un texto, pero antes cada grupo puede escribir dos ideas que piense que van a aparecer en él. El profesor va a escribir todas vuestras frases en la pizarra. Después de leer el texto veremos cuáles de vuestras ideas han aparecido.

LOS ESPAÑOLES Y LOS VIAJES AL EXTRANJERO

¿Viajamos mucho los españoles al extranjero? El tópico en los países de nuestro entorno dice que no, y la realidad es que los españoles de este siglo nunca han tenido fama de viajeros. No hace muchos años la mayoría de los españoles que viajaba al extranjero lo hacía únicamente para encontrar un trabajo mejor y solo unos pocos con dinero iban a otros países para pasar las vacaciones. De hecho, aún hoy en día la mayoría de los españoles prefiere disfrutar sus vacaciones dentro del país, con la familia y, generalmente, en lugares de playa. Pero, desde hace unos años, la costumbre de hacer viajes al extranjero se ha extendido gracias al abaratamiento de las tarifas aéreas y a la mejora de la economía. Y viajamos desde muy pequeños: cada vez es más normal que los niños pasen un verano en Gran Bretaña o Irlanda para aprender inglés, o en Francia para aprender francés. Las becas Erasmus y Sócrates han permitido a miles de universitarios españoles realizar parte de sus estudios en el extranjero. Ahora, además, es muy difícil no encontrar grupos de españoles en cualquier capital europea durante las vacaciones de Semana Santa o de verano. Pero los países europeos no son los únicos escogidos por la gente que quiere conocer otros lugares: Hispanoamérica (especialmente México y Cuba) es uno de los destinos preferidos para escaparse durante una semana o quince días. Marruecos y, en menor medida, países como la India o Tailandia se encuentran también entre las preferencias de los españoles.

En general, el estereotipo se corresponde con verdad: no salimos tanto de nuestro país como los alemanes o los británicos, pero también es cierto que este estereotipo, como tantos otros, está desapareciendo poco a poco.

14 Cuando viajas por España y por Hispanoamérica puedes escuchar diferentes acentos. Cada país, cada región y, a veces, cada ciudad o cada pueblo, tiene unas características fonéticas determinadas. Escucha cómo hablan estas tres personas y observa estos fenómenos.

Los cubanos no pronuncian las eses a final de sílaba y generalmente hacen las jotas y las ges con aspiración, con un sonido parecido al de la hache en inglés.

Los argentinos pronuncian la elle y la i griega de una forma muy curiosa, casi como la ge francesa o inglesa (como en "George").

En general, los hispanoamericanos no pronuncian el sonido que la ce/zeta tienen en España: lo pronuncian todo ese.

15 ¿A qué hora haces estas cosas? Escríbelo en letras.

¿A qué hora te levantas, normalmente? _____

¿Y los días festivos? _____

¿A qué hora desayunas? ¿Antes o después de vestirte? _____

¿A qué hora empiezas a trabajar? _____

¿A qué hora sales del trabajo o de la escuela? _____

¿A qué hora tienes clase de español? _____

¿A qué hora es tu programa preferido de televisión? _____

¿A qué hora abren las farmacias en tu país? _____

¿A qué hora se cena en tu país? _____

¿Y tú? ¿A qué hora cenas? _____

¿Lees antes de dormir? ¿Hasta qué hora? _____

¿Escuchas la radio? ¿Cuándo? _____

¿Ves mucho la tele? ¿Cuántas horas al día? _____

¿A qué hora te acuestas? _____

16 Jesús Vera es un hombre muy metódico. Hace todos los días lo mismo. ¿Puedes ordenar cronológicamente lo que hace?

- ☐ Se acuesta a las once.
- ☐ Empieza a trabajar a las nueve.
- ☒ Se levanta a las siete y media.
- ☐ Antes de desayunar hace un cuarto de hora de gimnasia.
- ☐ Después de hacer sus ejercicios de alemán, mira las noticias de la tele.
- ☐ A las diez y media come un bocadillo y toma un café en un bar, al lado de la oficina.
- ☐ Antes de acostarse escribe un par de páginas en su diario.
- ☐ Come con un compañero de trabajo a las dos y media.

- ☐ Después de cenar, estudia un rato alemán.
- ☐ Antes de cenar, navega una horita por Internet.
- ☐ Cena a las diez.
- ☐ Después de comer, juega una partida de ajedrez contra su ordenador.
- ☐ A las ocho y media coge el metro para ir a casa.
- ☐ Sale del trabajo a las seis menos cuarto.
- ☐ A las nueve y media llama por teléfono a su madre.
- ☐ Por la tarde va un rato a la biblioteca municipal y consulta libros hasta las ocho y veinte.

gente que viaja

17 Una agencia propone estos viajes para el mes de noviembre.

DESTINO	VIAJE	DURACIÓN	SALIDA	TRANSPORTE	PRECIO	ALOJAMIENTO
FILIPINAS FASCINANTE	🏛 🐬	14 días	12 y 19/XI	avión y autocar	1740 euros	hoteles ****
NEPAL	⛺ 🚶	17 días	13/XI	avión y coche	1870 euros	hoteles * y tiendas
PARÍS MONUMENTAL Y DISNEYLAND	📷 🏛	6 días	2 y 6/XI	avión y autocar	480 euros	hoteles **
KENIA MINISAFARI	📷 🌲	8 días	todos los miércoles	avión y 4x4	1570 euros	hoteles ****
GUATEMALA	🌲 ⛺	16 días	5, 19 y 26/XI	avión y 4x4	2160 euros	tiendas y bungalows
CUBA	🤿 🐬	15 días	diario	avión y barco	950 euros	hoteles *** y bungalows

📷 Fotografía 🏛 Cultura 🌊 Mar y playa 🤿 Buceo ⛺ Aventura 🌲 Naturaleza 🚶 Trekking

Unos clientes te explican sus necesidades y sus preferencias. ¿Qué viaje le aconsejas a cada uno?
Hay varias posibilidades. Razónalo.

1. JUAN RODRÍGUEZ PALACIOS

Mi mujer y yo empezamos las vacaciones el 4 de noviembre y tenemos 18 días. Y este año queremos salir de Europa: África o América Latina... Nos interesa mucho la historia y la cultura. También nos encanta hacer excursiones, acampar y el contacto con la naturaleza.

2. MARÍA ZARAUZ BENITO

Somos tres chicas, compañeras de trabajo. Queremos unas vacaciones tranquilas. Descansar en un buen hotel, hacer algo de deporte, quizá... Queremos buen tiempo y playa. Y no queremos gastar más de 1050 euros por persona.

3. ÁNGEL TOLOSA DÍAZ

Viajamos dos parejas y tres niños. Y, claro, hay que encontrar un viaje para todos. Algo para los niños y algo para los mayores. Queremos estar una semana, más o menos, la primera semana de noviembre.

4. BERTA IBÁÑEZ SANTOS

Somos un grupo de amigos y queremos viajar unas dos semanas. Empezamos las vacaciones el día 9 de noviembre. Nos gustaría ir a un sitio diferente, especial, pero estar en hoteles buenos, cómodos. Somos todos mayores y no queremos mucha aventura, ¿sabe usted?

Yo le recomiendo el viaje a _____ porque _____

Yo le recomiendo el viaje a _____ porque _____

Yo le recomiendo el viaje a _____ porque _____

Yo le recomiendo el viaje a _____ porque _____

Pero a lo mejor todavía tienes dudas para recomendarles un viaje adecuado.
Formúlales algunas preguntas para estar seguro de sus gustos.

18 Anne y Michael son dos turistas alemanes que han hecho un viaje por España. Al volver a Francfort, Anne mira las notas que ha ido tomando en su diario. ¿Puedes decir algunas cosas que han hecho o que les han pasado?

Han ido de Francfort a Sevilla en avión.

Hotel en Málaga: "LA LECHUZA".

Comida en Almería.
Restaurante "El cangrejo verde".
TAPAS MUY RICAS.

Tren: Sevilla - Córdoba.
VISITA A CÓRDOBA.

Autobús Córdoba - Sevilla.

"Gentecar", agencia de alquiler de coches de Córdoba.
SEAT IBIZA.

Avería entre Almería y Jaén (Guádix).
Noche en Guádix.
PINCHAZO EN MONTILLA.

Avión Frakfort - Sevilla - Francfort.
¡RETRASO!

19 Lee el texto de la página 88 del *Libro del alumno*. Imagina que Wais es un ejecutivo de tu país y escribe de nuevo el texto. ¿Qué conflictos habría entre él y un ejecutivo español? ¿En qué serían diferentes?

20 Mira estos anuncios de hoteles.

HOTEL MIRAFLORES
* * * * *

- Solárium y piscina.
- Hidromasaje.
- Situado en el centro de la ciudad y al lado de la playa.
- El hotel de lujo ideal para vacaciones o negocios.
- 100 habitaciones y 10 suites con vistas.
- Aire acondicionado en todas las habitaciones.

Hotel Nenúfares
* * * *

A cinco minutos del aeropuerto y junto al Recinto Ferial. Campo de golf y tenis.

Todos los servicios para un viaje de negocios.

Muy bien comunicado (tren y autobuses).

Tres restaurantes: cocina internacional, cocina típica regional y barbacoa en nuestra terraza.

HOSTAL JUANITO

Precios económicos.

● ● ●

Habitaciones con lavabo.

● ● ●

En el casco antiguo de la ciudad, en el barrio con más ambiente.

¿Cuál de los tres hoteles eliges?

- Si quieres un hotel muy lujoso,   el Miraflores.
- Si te gusta mucho hacer deporte durante tus viajes, _____
- Si quieres ver el mar, _____
- Si quieres salir por la noche, _____
- Si no quieres gastar mucho, _____
- Si te interesa mucho la cocina, _____
- Si te gusta nadar, _____
- Si no quieres estar en el centro, _____
- Si quieres una habitación muy grande, _____
- Si es un viaje de trabajo, en avión, y vas a trabajar en una feria, _____
- Si no quieres tener calor, _____

gente que viaja

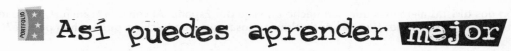

Así puedes aprender mejor

20 Cuando hablas con otra persona, tú decides qué vas a decir y cómo lo vas a decir pero, al mismo tiempo, tienes que tener en cuenta lo que dice tu interlocutor.

Vais a trabajar en parejas A y B: imaginad que estáis en una agencia de viajes. Antes de hablar, debéis preparar vuestras intervenciones.

A: CLIENTE

Has visto este anuncio en el periódico y vas a la agencia de viajes para informarte bien. Antes, decide qué fechas quieres ir y cuánto quieres gastarte en total.

Fechas en las que quieres ir: _____

Dinero que quieres gastarte: _____

¿Vas a ir solo o acompañado? _____

VIAJES MARISOL

¡Todo el año!

10 días en Ibiza
Vuelo + Hotel de **, *** y ****
(excursiones a Mallorca y a Menorca)

¡PRECIOS INCREÍBLES!

B: EMPLEADO/A

Trabajas en la Agencia Marisol y ofreces los viajes a Ibiza del anuncio durante todo el año. Un cliente va a venir a preguntar por los viajes. Pero antes tienes que decidir:

¿Qué días de la semana hay vuelos desde la ciudad donde estáis? ____
_____

¿Hay fechas en que está todo completo? _____

¿Cuánto cuestan? _____

¿Cuánto cuesta cada tipo de hotel por persona y noche?_____
_____

¿Hay ofertas para niños, grupos, etc.? _____

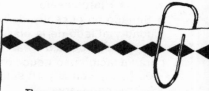

En actividades como esta, tú decides qué y cómo lo vas a decir pero, al mismo tiempo, tienes que tener en cuenta lo que dice tu compañero. ¿No crees que es una buena forma de reproducir las condiciones de la comunicación real?

Autoevaluación

En general:

	☀	🌤	🌥	☁
Mi participación en clase				
Mi trabajo en casa				
Mis progresos en español				
Mis dificultades				

Y en particular:

	😀	🙂	😐	🙁	😟
🔧 Gramática					
📖 Vocabulario					
🎵 Fonética y pronunciación					
👓 Lectura					
🔔 Audición					
✏ Escritura					
🏢 Cultura					

Diario personal

La unidad GENTE QUE VIAJA contiene mucha información sobre aspectos culturales. Me ha interesado especialmente saber que _____, y también me han gustado _____.

los textos sobre _____
Con respecto a estas cosas, yo pienso que _____.
_____. Creo que

Me ha parecido muy útil aprender a _____
necesito trabajar un poco más sobre _____

gente de ciudad

❶ Escucha a este locutor que nos describe la ciudad de Salamanca. Después, completa el texto.

> ### SALAMANCA (ESPAÑA)
>
> Con sus 186 323 _____, SALAMANCA es una ciudad española de _____.
> Está _____ a unos 200 Km al oeste de Madrid y _____ al este de la frontera
> portuguesa.
> El Puente Romano, las dos _____, la _____, la Universidad y cantidad de
> _____, conventos, _____ y edificaciones antiguas hacen de Salamanca uno de los conjuntos
> monumentales de _____ y belleza de España.
> La _____ ha aumentado en los últimos años: existen industrias de _____, textiles, mecánicas
> y metalúrgicas. Pero la importancia de Salamanca reside principalmente en su carácter de _____.
> La Universidad de Salamanca es una de las universidades más _____ de Europa junto con las de
> Bolonia y París y sigue siendo, _____, una de las más importantes de España.
> El gran número de estudiantes, tanto españoles _____ _____, le da a la ciudad su carácter
> especial: una _____ intensa y _____, a todas horas.
> _____ es continental con _____ y veranos calurosos.

❷ Haz una lista de las principales ventajas e inconvenientes de la población en la que vives.

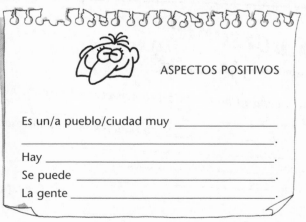

ASPECTOS POSITIVOS

Es un/a pueblo/ciudad muy _____
_____ .
Hay _____ .
Se puede _____ .
La gente _____ .

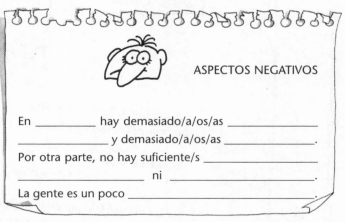

ASPECTOS NEGATIVOS

En _____ hay demasiado/a/os/as _____
_____ y demasiado/a/os/as _____ .
Por otra parte, no hay suficiente/s _____
_____ ni _____ .
La gente es un poco _____ .

❸ Vas a oír diez preguntas sobre el lugar en el que vives. Escúchalas y prepara por escrito tus respuestas. Despúes vuelve a escucharlas e intenta responder oralmente, sin mirar tus notas.

4 Formula 10 frases comparando estos dos hoteles. Utiliza **más... que, tanto/a/os/as... como, el más...** u otros recursos para comparar.

> El hotel Mirasol tiene más habitaciones que el hotel Benidorm.

HOTEL BENIDORM

- 54 habitaciones dobles
- 52 euros/noche
- 3 piscinas
- discoteca
- *jacuzzi y fitness*
- aire acondicionado en todas las habitaciones
- a 20 km de Alicante
- párking para 30 coches
- a 200 m de la playa
- parque infantil

HOTEL MIRASOL

- 106 habitaciones dobles
- 86 euros/noche
- 2 piscinas
- bar musical
- 3 restaurantes y terraza en la playa
- aire acondicionado en todas las habitaciones
- a 26 km de Alicante
- párking para 50 coches
- a 500 m de la playa
- hidroterapia

5 Piensa en cómo era la vida en los siglos pasados y cómo es ahora. Formula comparaciones como la del modelo. Utiliza **más/menos, no tanto/a/os/as.**

> Ahora la gente vive más años.

6 Estos son los países más poblados del mundo. Escríbelos en orden, de más poblado a menos poblado, según lo que tú creas.

México	Brasil	China	Indonesia	Rusia	Estados Unidos
India	Alemania	Pakistán	Nigeria	Bangladesh	Japón

Ahora escucha los datos reales y comprueba si tus hipótesis eran correctas. Después, escribe estas cantidades en cifras.

HABITANTES	EN CIFRAS	HABITANTES	EN CIFRAS
mil ciento noventa millones	1 190 000 000	ciento veintiséis millones	_____
novecientos trece millones	_____	ciento veinticuatro millones	_____
doscientos sesenta millones	_____	ciento diecisiete millones	_____
ciento noventa millones	_____	ciento siete millones	_____
ciento cincuenta y nueve millones	_____	noventa y dos millones	_____
ciento cuarenta y ocho millones	_____	ochenta y un millones	_____

7 ¿Cuáles de estas cosas te gustaría hacer? Señálalas con una cruz y luego explica para qué.

> A mí me gustaría tener mucho dinero para viajar por todo el mundo.

Ir a Marte.		
Viajar al pasado.		
Ser invisible.		
Adivinar el futuro.		
Cambiar de trabajo.		
Cenar con Brad Pitt.		
Tener mucho dinero.		
Vivir en una isla desierta.		
Salir en la tele.		

8 Coloca en este plano las palabras de la lista.

parque   río   fábrica   línea de autobús   centro (de la ciudad)

centro comercial   puente   estadio   ayuntamiento   catedral

9 Piensa en tu ciudad o en otra que conozcas bien. ¿Hay en ella estas cosas?
Escribe frases como las de los ejemplos.

PORTFOLIO

Hay muchos parques.
No hay mucha vida nocturna.
No hay museos.

tráfico	turistas	colegios
latinoamericanos	parados	industria pesquera
carril bici	delincuencia	fábricas
rascacielos	problemas sociales	zonas verdes
contaminación	guarderías	iglesias
vida nocturna	atascos	hospitales
monumentos	mezquitas	centros comerciales
instalaciones deportivas	consumo de drogas	playas
cines	viviendas desocupadas	vida cultural
edificios antiguos	museos	personas de origen español

10 Vas a oír a alguien que habla de su ciudad. Pero no puedes oír cómo termina las frases. Imagina un final para cada frase.

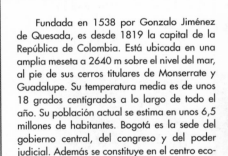

11 ¿Qué es para ti lo más...? A lo mejor necesitas el diccionario.

Lo más difícil de la vida en pareja: _____.

Lo más urgente en tu ciudad: _____.

Lo mejor de la vida: _____.

Lo peor de tu trabajo: _____.

Lo más importante en la amistad: _____.

Lo que funciona peor en tu país: _____.

Lo más interesante de tu región: _____.

Lo mejor para estar en forma: _____.

Lo más extraño de tu país: _____.

Lo más grave en el mundo: _____.

12 Este es el texto adaptado de un sitio web, con información y con publicidad de Bogotá. Imagina que vas a viajar a Colombia pero que vas a estar muy poco tiempo en la capital. Señala las cinco cosas que más te interesan.

Fundada en 1538 por Gonzalo Jiménez de Quesada, es desde 1819 la capital de la República de Colombia. Está ubicada en una amplia meseta a 2640 m sobre el nivel del mar, al pie de sus cerros titulares de Monserrate y Guadalupe. Su temperatura media es de unos 18 grados centígrados a lo largo de todo el año. Su población actual se estima en unos 6,5 millones de habitantes. Bogotá es la sede del gobierno central, del congreso y del poder judicial. Además se constituye en el centro económico y cultural del país.

Bogotá es hoy una ciudad en permanente proceso de modernización, que conjuga aspectos de la ciudad colonial que fue -en el barrio de La Candelaria- con la modernidad de una gran urbe -en la zona norte de la ciudad. Como muchas otras ciudades de países en desarrollo, Bogotá está llena de contrastes en cuanto a las condiciones de vida de sus habitantes, los estilos arquitectónicos, los medios de transporte, etc.

El visitante no debe dejar de ver el Museo del Oro, donde podrá apreciar la extraordinaria orfebrería de las diferentes culturas precolombinas. Debe conocer también las extraordinarias iglesias coloniales, como la de San Ignacio o la de San Francisco, en el tradicional barrio de La Candelaria. También podrá apreciar las nuevas tendencias en el campo de las artes plásticas en el Museo de Arte Moderno o en alguna de las muchas galerías que existen en la ciudad. Si le interesan los anticuarios, podrá visitar la calle 79, alrededor de la cual se ubican un buen número de ellos o recorrer el Mercado de las pulgas que se organiza en Usaquén (antiguo pueblo, hoy parte integral de la ciudad) todos los domingos.

Bogotá posee una intensa vida cultural, pero su atractivo se centra en ser una ciudad para hacer negocios. Colombia y, particularmente, Bogotá gozan de un extraordinario comercio, desarrollado últimamente en varios centros comerciales, que deben ser visita obligada de los viajeros. Entre ellos, cabe destacar el Centro Andino, Granahorrar, Unicentro y la Hacienda Santa Bárbara.

Bogotá tiene además fama como ciudad de buenos restaurantes. En efecto, el turista podrá encontrar muchos restaurantes de comida típica, internacional, en particular francesa o italiana, e inclusive rusa o japonesa. Podrá ir también a alguna de las obras de teatro que se ofrecen en la ciudad, asistir a un concierto o gozar de un buen aperitivo mientras escucha jazz en vivo en alguno de los múltiples bares de la Zona Rosa. Si desea divertirse por la noche, podrá ir a bailar a una de las discotecas de La Calera, desde donde podrá apreciar las luces de la ciudad.

gente de ciudad

13 Ya sabes muchas cosas sobre España. Haz comparaciones con tu país respecto a estos temas.

España es más grande que Italia pero tiene menos habitantes.

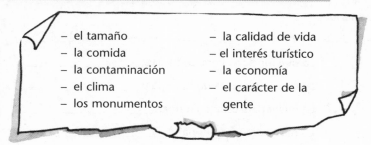

– el tamaño
– la comida
– la contaminación
– el clima
– los monumentos

– la calidad de vida
– el interés turístico
– la economía
– el carácter de la
  gente

14 ¿Recuerdas el texto de la página 98? ¿Crees que sirve para describir todas las ciudades? Puedes inspirarte en él para describir alguna ciudad que tú conozcas bien.

15 Fíjate bien en cómo pronuncia el locutor las vocales en estas frases. ¿Cómo lo hace?

☐ laescuela   ☐ estállí   ☐ sehainstalado   ☐ elcascoantiguo
☐ la/escuela   ☐ está/allí   ☐ se/ha/instalado   ☐ el/casco/antiguo

16 Escribe definiciones de algunos lugares. Usa **en el que** o **donde**. Es una forma muy útil para referirse a algo cuando no conocemos la palabra exacta.

puerto ⟶ un lugar en el que hay barcos

playa	iglesia	guardería	gimnasio
zona industrial	cine	hospital	ayuntamiento
zona universitaria	discoteca	piscina	museo
parque	centro comercial	zona peatonal	centro de la ciudad
hotel	capital		

17 Un amigo te ha mandado este correo. Imagina que tienes que responderle por escrito.

Querido/a amigo/a:

¿Cómo estás? Te mando solo cuatro líneas porque vamos a vernos pronto. Bueno, eso espero. ¡Voy de vacaciones con unos amigos a tu país! Naturalmente, me gustaría verte y poder charlar un rato contigo. ¿Crees que nos podemos encontrar algún día? ¿La zona donde tú vives es interesante? ¿Qué vale la pena visitar?
Si me explicas un poco cómo es y crees que merece la pena, podemos quedarnos unos días por ahí. ¿Qué te parece?
Espero tus noticias.
Un fuerte abrazo.
Fernando

Así puedes aprender mejor

18 Lee este texto. ¿Estás de acuerdo con Gracia Montes?

> ### LA OPINIÓN DE LOS FAMOSOS
>
> ## ¿VIVIR EN EL CAMPO
> ## O VIVIR EN LA CIUDAD?
>
> Aunque para algunas personas vivir en el campo puede resultar atractivo, por ser más sano, creo que la vida en la ciudad ofrece muchas más ventajas: espectáculos y vida cultural, comercios y servicios de todo tipo. Las desventajas del campo son evidentes: los insectos, la falta de intimidad que suele haber en los pueblos, etc. Una solución intermedia, sin embargo, puede ser la ideal: alternar la vida en el campo y la ciudad. Pero esto no todo el mundo puede hacerlo, por razones tanto económicas (sale mucho más caro) como profesionales (uno se ve obligado a permanecer en la ciudad, o en el campo).
>
> GRACIA MONTES,
> **Actriz de cine. Vive en un pueblecito de Segovia, a 115 Km de Madrid.**

19 Ahora escucha a Gracia Montes hablar con unos amigos. Formulan opiniones sobre el mismo tema, pero ¿lo hacen de la misma manera?

La conversación es el tipo de comunicación más frecuente en las relaciones humanas. Como has visto, tiene características muy distintas a las del texto escrito. Observa los mecanismos que usan los interlocutores.

Para expresar sus opiniones cooperan:

- completando la frase del otro,
- usando las palabras que ha dicho el otro o repitiéndolas,
- asegurándose de que entienden lo que quieren decir los demás.

Para decir lo que quieren, la entonación es tan importante como
la gramática y el vocabulario.

Las frases tienen unas características propias. No son errores, sino medios al servicio de la expresión:

- son más cortas,
- contienen repeticiones, vacilaciones,
- están incompletas.

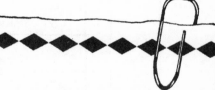

En la conversación lo importante es cooperar con los interlocutores; cooperar tanto verbal como no verbalmente (a veces, con una sola palabra o un gesto). Para comunicarnos de modo eficaz y fluido, es mejor estar atento a la eficacia de la comunicación y no preocuparse sólo por los errores gramaticales.

gente de ciudad

Autoevaluación

En general:

	☀	🌤	⛅	☁
Mi participación en clase				
Mi trabajo en casa				
Mis progresos en español				
Mis dificultades				

Y en particular:

Gramática					
Vocabulario					
Fonética y pronunciación					
Lectura					
Audición					
Escritura					
Cultura					

Diario personal

En la unidad **GENTE DE CIUDAD** he aprendido (muchas / bastantes / algunas cosas) sobre las ciudades en las que se habla español. (Son / no son) muy diferentes a las de mi país. En la clase hemos trabajado en grupos y _____
_____ .

El problema es a veces _____. Uno de los objetivos de esta unidad es aprender a _____ debatir y en mi grupo hemos discutido en español (mucho / poco / no suficientemente). (Todos / no todos) han participado mucho.

gente en casa

1 Completa este diagrama con nombres de muebles que conozcas.

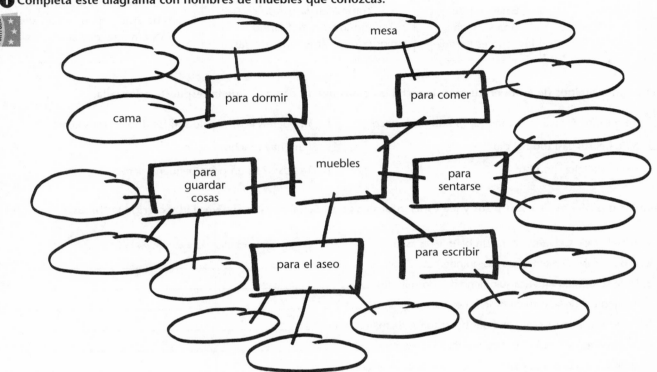

mesa

para dormir

cama

para comer

muebles

para guardar cosas

para sentarse

para el aseo

para escribir

2 La familia Velasco Flores, de la página 101 del *Libro del alumno*, te vende su casa, muebles incluidos. Pero a ti no te interesan todos los muebles. Escribe aquí tu selección.

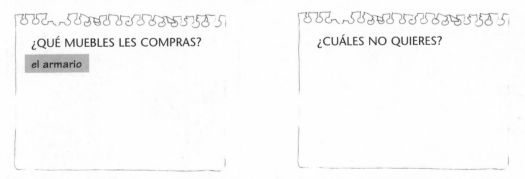

¿QUÉ MUEBLES LES COMPRAS?

el armario

¿CUÁLES NO QUIERES?

Imagina que te vas a vivir a la casa de la familia Velasco, ¿qué otros muebles necesitas? Puedes usar el diccionario.

Una estantería más grande para el estudio.

3 Imagina que tienes que presentar a ocho personas. Decide tú qué relación tienes con ellas y escribe frases como las del ejemplo.

> Esta es Beatriz, una amiga argentina. Está pasando unos días con nosotros.

Esta Este Estos Estas	es son

Beatriz
Charo
César
Gloria
Emilio y José
Ana y María
los señores Barrios

sobrino/a/os/as.
primo/a/os/as.
vecino/a/os/as.
amigo/a/os/as.
compañero/a/os/as.
amigo/a/os/as de Madrid.
amigo/a/os/as argentino/a/os/as.

Está/n pasando unos días con nosotros.
Trabajamos juntos.
Vive/n aquí al lado.
Vive/n con nosotros.
Está/n de viaje y ha/n venido a vernos.
Está/n aquí de vacaciones.

4 Tienes unos amigos de visita en tu casa. Escucha las cosas que te dicen y elige la respuesta adecuada.

☐ ¿Te gustan? El sofá lo hemos comprado hace poco.

☐ Sí, da el sol casi todo el día.

☐ No hacía falta, hombre.

☐ ¿Ya queréis iros? Si solo son las doce menos cuarto...

[1] Sí, no hay muchos coches.

☐ ¿Te gusta? Es un poco pequeña pero...

5 Mira los dos planos de estos pisos y lee estas informaciones. Señala cuáles son verdad y corrige las falsas.

1. El de la calle Cervantes tiene un baño y un aseo.   No, no es verdad. Tiene solo un baño.

2. El de la calle Cervantes es más grande. _____

3. El de la avenida América sólo tiene dos dormitorios. _____

4. El baño del de la avenida América es más pequeño. _____

5. El de la calle Cervantes tiene dos dormitorios de matrimonio. _____

6. El salón del de la avenida América da a la terraza. _____

7. El de la calle Cervantes tiene un pequeño balcón al lado de la cocina. _____

8. El salón del de la calle Cervantes es más grande que el del otro piso. _____

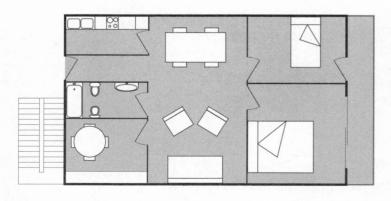

C/ Cervantes

Avda. América

6 En los anuncios de los periódicos se abrevian muchas palabras. Pero comparando unos anuncios con otros y recordando las palabras que has aprendido, puedes entenderlo todo.
Escribe los textos completos de cuatro de los siguientes anuncios.

> 1. Está en un barrio tranquilo y tiene tres habitaciones dobles...

1. Barrio tranq. 3 h. dobles. Bñ. comp. y dos aseos. Amplio salón con chimenea. Gran terraza. Alto. Muy luminoso.

2. 160 m², 4 hab. salón com., coc. nueva, bñ. y aseo. Finca semi nueva. Asc. Park.

3. 3 hab. amplio salón com. 2 balcones. Perf. estado. Terr. Listo vivir. 95 m². 160 000 € tercer piso sin asc.

4. 3 h. Aseo y baño. Arm. empotrados. Soleado. Ascensor. Zona tranq. Jard. 140 000 €

5. 2 hab. Muy lum. Zona tranquila

y sol. Finca antigua restaurada. Zona centr. 240 000 €

6. 1 hab. aseo balc. Muy bien. únic. Junto Ayunt.

7. 3 hab. dobles, traza. ext. muy sol. Vistas. Calef. Asc. Parking. Finc. moderna. Piscina.

7 Ahora imagina que eres un agente inmobiliario. Tienes que vender los pisos del ejercicio anterior.
¿Tienes alguno para estas personas?

Vivo solo y busco un piso muy soleado en una zona con árboles. ¿Tienen alguno no muy caro?

Piso número ☐

Somos seis: mi mujer y yo, tres niños y la abuela. Y, claro, necesitamos un piso grande con varios cuartos de baño.

Piso número ☐

Somos una pareja con un niño pequeño. Estamos buscando un piso no muy grande pero con mucha luz. Y no queremos gastar mucho.

Piso número ☐

Necesitamos un buen piso; como mínimo, con dos habitaciones dobles. Tiene que tener calefacción y, sobre todo, ascensor. Yo tengo un problema en una pierna y no puedo subir escaleras.

Piso número ☐

8 Escucha a estas personas que te van a dar sus direcciones. Toma nota porque luego
tienes que escribirlas en estas etiquetas.

ARTURO COROMINA VALDÉS
Avenida de los Plátanos, 187 entresuelo 1ª
44566 Aguaviva – Teruel

9 Estas direcciones no están completas. Haz preguntas para completarlas.

¿Cuál es tu segundo apellido?
¿En qué número vives? / ¿En qué piso vives?
¿Cuál es el código postal?

1 SANDRA GARCÍA ....
Calle Fernando VII, nº.....
.... MADRID

2 Susana Roche Gracia
Calle Pino, ...
.... SEVILLA

3 Benito Villa Salcedo
......................., 23, 2º A
.... BILBAO

4 Isabel MONTE ....
Avda de la Constitución, 31, ...
.... VALENCIA

5 C. MARCOS FUENTES
Plaza ...., 31........
....

10 Imagina que quieres vender tu casa. Descríbela en un anuncio para la prensa (pero sin abreviar las palabras). Si
quieres, puedes añadir un pequeño plano con los nombres de cada habitación. El profesor recogerá los textos.

Piso de dos dormitorios. 60 metros cuadrados. Salón comedor y cocina reformada.
Finca antigua. Pequeño balcón. Barrio tranquilo. Vistas a un parque.

11 Piensa en cinco personas que conoces (amigos, familiares, compañeros, etc.).
¿Qué crees que están haciendo en este momento, mientras tú haces este ejercicio?

NOMBRE	RELACIÓN CONTIGO	QUÉ ESTÁ HACIENDO
David	mi marido	Creo que está en casa preparando la cena.

12 María va a casa de sus vecina Laura porque necesita hablar por teléfono y el suyo no funciona bien.
Escribe la conversación entre María y Laura. Aquí tienes una guía de las cosas que se pueden decir.

MARIA
☐ Saluda.
☐ Cuenta su problema.
☐ Pregunta por la familia de Laura.
☐ Da las gracias y se despide.

LAURA
☐ Saluda e invita a pasar a María.
☐ Le dice dónde está el teléfono.
☐ Le ofrece algo para beber.
☐ Se despide.

13 ¿Qué dice Fernando en cada uno de estos casos? Elige la repuesta adecuada entre las que te damos.

CONTEXTO A

Fernando llama a casa de su amigo Toni. Conoce a sus padres. Toni ha llamado antes a su casa y no lo ha encontrado.

1. ● Diga.
   ○ ¿Está Toni?
   ● ¿De parte de quién?
   ○ _____

2. ● Diga.
   ○ ¿Está Toni?
   ○ Ahora no se puede poner. Está duchándose.
   ○ _____

3. ● Diga.
   ○ ¿Está Toni?
   ● No está. ¿Quieres dejarle algún recado?
   ○ _____

CONTEXTO B

Fernando llama a Gracia Fernández. Es una profesora de guitarra y no la conoce. Un amigo le ha dado su teléfono, y la llama para pedirle clases.

4. ● Diga.
   ○ ¿Gracia Fernández?
   ● ¿De parte de quién?
   ○ _____

5. ● Diga.
   ○ ¿Gracia Fernández?
   ● No, no está. ¿Eres Antonio?
   ○ _____

6. ● Diga.
   ○ ¿Gracia Fernández?
   ● No, no está. ¿Quiere dejarle algún recado?
   ○ _____

○ Ella no me conoce. Me llamo Fernando Gil. Quiero hablar con ella por unas clases.

○ ¡Vaya! Soy yo, Fernando. Dentro de un rato lo llamo otra vez.

○ No. Yo me llamo Fernando Gil. ¿Cuándo puedo encontrarla en casa?

○ Sí, por favor. Ella no me conoce. Estoy interesado en recibir clases, y me han dado su

   número de teléfono. ¿Le dejo mi número y ella me llama?

○ Soy yo, Fernando.

○ No, no. Sólo que estoy en casa, si quiere llamarme otra vez.

14 Mensajes en el contestador automático. Tú eres en cada caso la persona que recibe el mensaje. ¿Qué haces después de oírlo?

1. Eres Catalina Crespo: Tengo que llamar a la productora.
2. Eres Paca: _____
3. Eres María: _____
4. Eres Lourdes: _____
5. Eres María: _____

15 Vas a oír unas frases con las formas **tú** y/o **usted**. Señala las que oyes.

TÚ USTED	TÚ USTED	TÚ USTED	TÚ USTED	TÚ USTED
☐ ☐	☐ ☐	☐ ☐	☐ ☐	☐ ☐

16 Contesta, como en el ejemplo, repitiendo las instrucciones que oirás.

¿Tengo que coger la línea cinco y bajar en la plaza de España?

17 Escribe las formas que faltan.

TÚ	USTED
Pasa, pasa.	Pase, pase.
_____	Siéntese, por favor.
Oye, por favor...	_____
Come un poco más de tarta.	_____
_____	Siga por esta calle todo recto.
_____	Coja el teléfono, por favor.
Dame tu dirección.	_____
Calla, calla; escucha lo que dicen.	_____
_____	Váyase ahora mismo.

18 Un amigo tuyo se va a quedar en tu casa mientras tú te vas de vacaciones. ¿Qué tiene que hacer en tu casa? Aquí tienes algunas ideas: complétalas y/o añade otras cosas. Luego escribe una nota usando Imperativo y **tienes que** + Infinitivo.

> Por favor: riega las plantas del salón. También tienes que...

Regar las plantas del jardín / de dentro / de la terraza...
Cerrar el gas / el agua / las ventanas... al salir.
Dar de comer a los peces / al gato...
Comprar...

Sacar el correo del buzón.
Sacar a pasear al perro.
Abrir el correo electrónico.

19 Has invitado a tres compañeros de clase a cenar. Dales instrucciones para ir a tu casa desde la escuela. Uno quiere ir a pie, el segundo quiere ir su coche y el otro quiere ir en transporte público.

> A pie no se puede. Está demasiado lejos...

20 Fíjate en cómo suenan, en estas palabras, las letras **b** y **v**. ¿Suenan igual o diferente?

V: lava / la vecina / avenida / novio

B: habitación / sabe / abuelo / nube

Algunas consonantes cambian según su posición. Escucha ahora esta serie de palabras. ¿Suenan igual en 1 y en 2? ¿Puedes formular una regla?

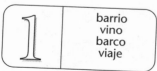

1: barrio / vino / barco / viaje

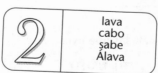

2: lava / cabo / sabe / Álava

Lo mismo sucede con la **g** y con la **d**. Escúchalo.

gato   pagar
guerra agosto
garcía hago

diez   cada
dar   hablado
diferente poder

Así puedes aprender mejor

21 En tu lengua existe probablemente la distinción entre **tú** y **usted** o un sistema equivalente. Haz una lista con diez personas a las que tratas de un modo y otras diez a las que tratas del otro.

Mira la lista de las personas a las que tú tratas de **usted**. ¿Puedes pensar en personas que las tratan de **tú**?

Haz lo mismo con la otra lista: personas a quienes tú tratas de **tú**. ¿Quiénes las tratan de **usted**?

22 Además, según la situación, puede cambiar el tratamiento.
Por ejemplo, un juez y su hija se tutean, pero si esta asiste a un juicio como testigo, los dos se tratarán de usted.

¿Puedes pensar en situaciones parecidas?

Estás de viaje en España, de visita en casa de unos amigos.
Es la primera vez que vas, pero ellos han estado en tu casa antes.
¿A quién tuteas? ¿A quién tratas de usted? ¿Por qué?
¿Observas algo antes de tomar la decisión?

TÚ USTED

☐ ☐ A la azafata del avión.

☐ ☐ A una joven de 16 años que viaja con sus padres en el asiento de al lado.

☐ ☐ A los padres de esta joven.

☐ ☐ A tus amigos.

☐ ☐ A los padres de tus amigos.

☐ ☐ A la abuela de tus amigos.

☐ ☐ A los vecinos de tus amigos.

☐ ☐ Vas con tus amigos a un restaurante: a los camareros.

☐ ☐ Vas a un bar de gente joven que hay junto a su casa: al camarero.

☐ ☐ A un policía joven, de tráfico, que te pide la documentación.

Para hablar bien no basta con las reglas gramaticales. Existen también unas reglas sociales relativas al uso de la lengua. Estas nos permiten adaptarnos a la situación y hablar de diferentes maneras dependiendo del momento y lugar donde estamos, de los interlocutores, de su función, etc.

gente en casa

Autoevaluación

En general:

	☀	⛅	⛅	☁
Mi participación en clase				
Mi trabajo en casa				
Mis progresos en español				
Mis dificultades				

Y en particular:

	😐	😐	😐	😐	😐
Gramática					
Vocabulario					
Fonética y pronunciación					
Lectura					
Audición					
Escritura					
Cultura					

Diario personal

Después de haber trabajado con la unidad de GENTE EN CASA, mi imagen de España y de los españoles (es la misma que antes / ha cambiado) _____. Esto es así porque _____. En GENTE EN CASA he visto cómo viven los españoles, cómo son sus casas, qué hacen cuando tienen invitados. Ahora creo que (sé / puedo / soy capaz de...) _____

La verdad es que, en este aspecto, entre España y mi país (hay / no hay) diferencias: allí, _____ y aquí _____.

gente e historias

1 Escucha las respuestas de dos concursantes del programa "¿Cuándo fue?". ¿Cuál de los dos tiene más respuestas correctas? Estas son las fichas de las preguntas.

AVANCES DE LA CIENCIA Y LA TÉCNICA

1969: N. Amstrong pone el pie en la Luna.
1961: Gagarin, primer "hombre del espacio".
1923: J. de la Cierva inventa el autogiro, precursor del helicóptero.
1919: Leonardo Torres Quevedo inventa el transbordador de las Cataratas del Niágara.
1864: Narcís Monturiol crea el Ictíneo, uno de los primeros submarinos del mundo.

ACONTECIMIENTOS SOCIALES Y POLÍTICOS

1978: Acuerdos de Camp David entre Egipto e Israel.
1969: Dimisión de De Gaulle.
1962: Independencia de Argelia.
1957: Tratados de Roma: nacimiento de la CEE y del Euratom (Europa de los Seis).
1945: Conferencia en Yalta. Stalin, Roosevelt y Churchill. Acuerdo sobre la creación de la ONU.
1945: Firma de la carta de la ONU, en San Francisco.

PREMIOS NOBEL Y CIENTÍFICOS

1983: Walesa, premio Nobel de la Paz.
1982: García Márquez, premio Nobel de Literatura.
1959: Severo Ochoa, Premio Nobel de Medicina.
1921: Albert Einstein, Premio Nobel de Física.
1906: Santiago Ramón y Cajal, Premio Nobel de Medicina.

VIDAS DE FAMOSOS

1997: Boda en Barcelona de la Infanta Cristina y el jugador de balonmano Iñaki Urdangarín.
1997: Muerte de Lady Di.
1968: Boda de Jacqueline Kennedy con A. Onassis.
1956: Boda de Rainiero y Grace Kelly.

MAGNICIDIOS

1995: Isaac Rabin
1986: Olof Palme
1978: Aldo Moro
1967: Che Guevara

	Primer concursante	correcto	incorrecto	Segundo concursante	correcto	incorrecto
1ª pregunta						
2ª pregunta						
3ª pregunta						
TOTAL						

2 ¿Dónde y cuándo fue la primera vez que...?

	¿DÓNDE?	¿CUÁNDO?
1. Comer paella	Comí paella por primera vez en Tenerife.	Fue en 1995.
2. Ir en bicicleta	No me acuerdo.	Fue hace muchos años.
3. Subir a un avión		
4. Estar en un país de lengua española		
5. Viajar en barco		
6. Estar en una isla		
7. Conocer a un español o hispanoamericano		
8. Pasar unas vacaciones sin la familia		
9. Ir a una boda		
10. Votar en unas elecciones		
11. Ver un gran espectáculo		

3 Añade a las frases del ejercicio anterior circunstancias y comentarios como los que tienes a continuación.

POR PRIMERA VEZ	CIRCUNSTANCIAS	COMENTARIOS Y VALORACIONES
Primer concierto: Rolling Stones (1973).	Yo tenía 14 años.	Me gustó mucho.
...	...	...

CIRCUNSTANCIAS
- Yo tenía ... años.
- Yo era un niño de ... años / Yo ya era mayor...
- Yo estaba con unos amigos / mis padres / solo/a...
- Había mucha gente / No había mucha gente /...
  Había unas ... personas...
- Hacía frío / calor / mal tiempo...
- Allí estaba...
- Yo estaba un poco nervioso / muy asustado /
  bastante contento...

COMENTARIOS Y VALORACIONES
Me gustó mucho.
Me encantó.
No me gustó nada.
Me pareció un poco aburrido / una tontería...
Me pareció muy interesante / divertido...

4 Vas a escuchar diez frases incompletas. Señala cómo continúan.

1. ☐ a) pero no sé escribirlo.
   ☐ b) al principio de la conferencia, y luego se expresó en inglés.

2. ☐ a) con una beca que me ha dado el Ministerio de Educación y Ciencia.
   ☐ b) y luego regresó a su país.

3. ☐ a) pero no le gustaba mucho y buscó un puesto en un periódico.
   ☐ b) pero no me gusta mucho y me gustaría trabajar en la televisión.

4. ☐ a) la playa no me gusta.
   ☐ b) allí conoció a su novio.

5. ☐ a) lo siento; había mucho tráfico.
   ☐ b) por eso no escuchó las palabras del Presidente.

6. ☐ a) sus amigos tomaron el ascensor.
   ☐ b) no me gusta usar el ascensor.

7. ☐ a) hacía mucho frío, pero no se movió de allí.
   ☐ b) si tienes un problema, me llamas y voy a ayudarte.

8. ☐ a) sus amigos le esperaban en un restaurante y él iba a llegar tarde.
   ☐ b) el de mi casa no funciona bien.

9. ☐ a) vio las noticias de la tele y se fue a dormir a las 11.
   ☐ b) veo las noticias de la tele y me voy a dormir temprano.

10. ☐ a) así me entero de lo que pasa en el mundo antes de leer el periódico.
    ☐ b) pero no escuchó ninguna noticia sobre el accidente de tren.

5 Vas a escuchar a diez personas. Señala cuál de las siguientes frases es la continuación lógica de lo que dicen.

☐ a) Vio *La Maja desnuda* de Goya. Le gustó mucho.
☐ b) Pero hacía frío y no me bañé.
☐ c) Vi *Las Meninas* de Velázquez. Me gustó mucho.
☐ d) Había muy poca gente pero me encontré con unos amigos.
☐ e) Y en 1971 se casó con ella.

☐ f) Ganamos 3 a 0.
☐ g) ¿Estabas enfermo?
☐ h) Ganó 3 a 0.
☐ i) Pero hacía frío y no se bañó.
☐ j) Y en 1970 me casé con ella.

6 Ahora escucha las frases de la audición otra vez. Luego, completa este cuadro con las formas indicadas del **Pretérito Indefinido**.

	VER	ESTAR	IR	CONOCER	JUGAR
yo					
tú					
él					

7 ¿Cómo se conocieron? Marca debajo de cada imagen el número de la historia.

8 Escucha ahora las tres historias otra vez y escribe estas frases debajo de la imagen correspondiente.

De pequeños, eran vecinos y jugaban juntos.

Él sabía que ella hacía teatro.

Él tenía un perro.

Él era el sobrino del profesor de ella.

Él y ella estaban bailando.

Ella un día estaba regando las plantas.

Él estaba en un grupo de teatro y necesitaban una chica.

Después de la fiesta fueron paseando hasta el hotel.

Estudiaban juntos en el mismo instituto.

9 Estás escribiendo tu propio diario (como los que hay en las páginas 112 y 113 del *Libro del alumno*). Escribe tres breves párrafos sobre lo que has hecho hoy, lo que hiciste ayer y lo que hiciste el sábado pasado.

10 Imagina que hoy es jueves 14 por la noche. Esto es lo que ha hecho Valentina en los últimos días. Pero Valentina tiene muy mala memoria. Mira cómo se lo explica a una amiga suya. Corrige los errores, como en el ejemplo.

> No, esta mañana no ha jugado a squash con Herminia, jugó ayer.

LUNES 11
8h – 9h clase de ruso
12h reunión con el Sr. Palacio
19h dentista

MARTES 12
Viaje de trabajo a Madrid
De compras en Madrid: traje
chaqueta azul en las rebajas
22h Fiesta de cumpleaños
de Gabriel

MIÉRCOLES 13
Comida con el jefe y unos
clientes belgas
Partido de squash con Herminia
Cena con Alfredo en una
pizzería

JUEVES 14
de 9h a 11h clase de ruso
Comida con Isabel,
una vieja amiga
Peluquería
Supermercado

Esta mañana he jugado un partido de squash con Herminia.

¿Alfredo? Cené con él anteayer. Está muy bien.

Anoche fui a casa de Gabriel. Era su cumpleaños e hizo una fiestecita con algunos amigos.

Sí, todavía estudio ruso. Tengo un profesor particular tres horas por semana. Esta semana he tenido tres horas de clase. Hoy una hora y el lunes dos horas.

He ido de compras esta mañana. Me he comprado un traje chaqueta azul, precioso, en las rebajas.

Ha sido una semana muy complicada. El lunes fui a Madrid. Tenía una reunión muy importante. Y hoy he comido con unos clientes holandeses...

Ah, y además esta semana he tenido problemas con una muela. ¡Me dolía...! El martes tuve que ir de urgencias al dentista.

11 Imagina que en tu trabajo o en tu escuela te piden que respondas a este cuestionario.

1. ¿En qué año nació usted? ⎯ En mil novecientos sesenta y seis.
2. ¿Cuándo empezó la escuela primaria? _____
3. ¿Cuál fue su primer trabajo? _____
4. ¿Cuándo empezó a estudiar español? _____
5. ¿En cuántas empresas ha trabajado? ¿Cuánto tiempo? _____
6. ¿Ha vivido en el extranjero? ¿Dónde? ¿Cuánto tiempo? _____
7. ¿Desde cuándo vive usted aquí? _____

12 **¿Cómo era la vida en siglos pasados? Lee estos textos y decide a qué imagen corresponde cada uno.**

A Vivían en ciudades-estado. Cada ciudad estaba gobernada por un jefe, que tenía poderes civiles y religiosos. La sociedad estaba organizada en diversas clases: nobles, sacerdotes y pueblo. También había esclavos.

Tenían una religión en la que había diversos dioses. Adoraban a estos dioses y les ofrecían sacrificios. Uno de los más importantes era Itzanmá, dios de la escritura y de los libros. La escritura era de carácter jeroglífico, como la de los egipcios.

Tenían un calendario solar con 18 meses de 20 días, más cinco días para completar el año. Utilizaban también un sistema aritmético que poseía un signo equivalente a nuestro cero. Gracias a estos dos sistemas, calendario y sistema aritmético, sus conocimientos astronómicos eran superiores, en muchos casos, a los de la cultura europea de la misma época. Así, por ejemplo, para ellos el año constaba de 365,2420 días, cálculo mucho más próximo a la medida actual (365,2422 días) que el de los europeos de aquella época (365,2500 días).

B Es una de las civilizaciones más antiguas, que nació y se desarrolló a lo largo de un río. Estaban gobernados por emperadores, a los que consideraban descendientes de los dioses y llamaban faraones. Para estos faraones construían grandes monumentos funerarios, en forma de pirámide. Su religión tenía un dios principal, Amon-Ra, que era el dios del sol. Otro dios muy importante era Osiris, dios de los muertos. Creían en una vida después de la muerte, por eso preparaban a los muertos para esa vida.

La clase sacerdotal era muy numerosa y tenía gran influencia social, económica, política e intelectual: sus miembros eran los responsables del mantenimiento y funcionamiento de los templos, pero también realizaban otras actividades: eran médicos que curaban a los enfermos, y también magos que interpretaban los sueños.

C Este pueblo es una civilización aún viva, que ha pasado rápidamente de la época prehistórica a la moderna. Sus antecesores vivían en zonas muy frías, por eso no disponían de muchos recursos naturales; por ejemplo, no tenían madera.

No conocían la escritura, pero su cultura era una de las más ricas culturas prehistóricas: construían casas de hielo, fabricaban canoas y tiendas de piel de reno para el verano, podían andar fácilmente por la nieve gracias a sus botas impermeables y se protegían del sol con unas gafas de hueso...

Aunque no tenían caballos ni carros, viajaban en unos trineos tirados por perros, un medio de transporte muy particular para desplazarse por la nieve.

Se alimentaban fundamentalmente de los animales que cazaban y pescaban. Creían en unos dioses que controlaban la caza y la pesca, al igual que la salud y la vida de las personas. También creían que todos los elementos de la naturaleza tenían un alma como las personas.

Se llamaban a sí mismos "inuit", es decir, "los hombres", aunque la civilización occidental los conoce por otro nombre. Vivían en comunidades pequeñas, agrupados por familias, sin jefes ni jerarquía.

Ahora, subraya todos los verbos que están en Pretérito Imperfecto y escribe sus formas de Infinitivo.

vivían ➡ vivir

⓭ ¿Cuándo hiciste por última vez estas cosas? Responde con los siguientes marcadores temporales.

ayer	anteayer	anoche	el lunes / martes... pasado	la semana pasada	en 19...
el mes pasado		el año pasado	cuando era niño	no lo he hecho nunca	

Anoche comí
un plato excelente.
Fui a cenar con
mi novio.

LA ÚLTIMA VEZ QUE...

– comer un plato excelente
– tener que decir una mentira
– conocer a una persona rara
– leer una buena novela
– llorar viendo una película
– perderte en una ciudad
– gastar demasiado

– perder una llave
– olvidar algo importante
– oír una buena noticia
– ver un paisaje especialmente bonito
– tener una conversación interesante
– escribir un correo electrónico
– tener una sorpresa agradable

⓮ Piensa en varias cosas que han cambiado en tu vida y escríbelas.

Cuando era más joven fumaba,
pero ahora no fumo.

⓯ Todo cambia rápidamente. Piensa en estos temas y formula qué cambios crees que han sucedido en los últimos 10 años.

TU CIUDAD O PUEBLO

LA NATURALEZA

LAS COMUNICACIONES

LAS RELACIONES INTERNACIONALES

LA VIDA COTIDIANA

LOS TRANSPORTES

LA TELEVISIÓN

LA POLÍTICA

16 ¿Te dicen algo estos años? Relaciónalos con los siguientes hechos.

En 1492 Colón descubrió América.
En 1492 fue cuando Colón descubrió América.

1492	Colón LLEGAR a América
1789	DECLARARSE la independencia de Estados Unidos
1898	EMPEZAR la Revolución Francesa
1918	España DECLARAR la guerra a Estados Unidos
1776	ESTALLAR la Guerra del Golfo
1939	TERMINAR la Guerra Civil Española
1968	TERMINAR la I Guerra Mundial
1990	HABER un gran movimiento de estudiantes y obreros en Europa

17 Imagínate que puedes hacerle una entrevista a uno de estos famosos.
¿A quién de ellos harías estas preguntas?

¿Fueron difíciles sus primeros años
en los Estados Unidos?

a _____

¿Cuándo habló por primera
vez con Isabel la Católica?

a _____

¿Cuál fue su primer concierto
fuera de su país?

a _____

¿Qué sintió al ver tanta gente en
la Marcha por los Derechos Civiles?

a _____

Escribe otras preguntas para estos
personajes. ¿Quién es el personaje
famoso, de la historia o de la
actualidad, a quien más te gustaría
entrevistar? Escribe las preguntas
que le harías.

18 Inventa los datos que faltan de la biografía de esta imaginaria estrella del pop.

Paz nació en 1958 en un pueblecillo de La Mancha. En aquella época en España _____. Pepe Candel, su padre, trabajaba en el campo. La vida en el pueblo _____. Por eso, Pepe y su mujer decidieron irse a Bélgica. Entonces _____. Paz tenía en aquel momento dos años y _____. Cuando tenía solo 7 años participó en un concurso de la radio y _____; a los 21_____. Así que dejó los estudios y empezó a _____. Decidió volver a España y se puso a _____. La productora discográfica "Chinchinpum" se fijó en ella y grabó su primer disco, que fue _____. Muy pronto ocupó el número 1 en todas las listas de ventas. Entonces fue cuando _____. Desde esa época, _____. Actualmente _____.

19 Si dividimos la clase en dos equipos, podemos hacer un concurso.

REGLAS DEL CONCURSO

– Cada equipo prepara, por escrito, diez preguntas sobre hechos del pasado, para hacérselas luego al otro equipo.
– Cada pregunta bien construida vale un punto. Solo valen las preguntas de las que se conocen las respuestas. El profesor las va a corregir antes de empezar el concurso.
– Cada respuesta acertada vale 2 puntos.
– Cada equipo tiene 2 minutos para pensar y discutir la respuesta.
– Gana el equipo que obtiene más puntos.

★ Así puedes aprender **mejor**

20 Escucha estos párrafos. Fíjate en la entonación.
¿Dónde crees que está la información o informaciones principales?
¿Dónde los detalles? Márcalo como en el ejemplo.

> Estaba muy cansado, me dolía la cabeza, tenía mucho trabajo...
>
> decidí quedarme en casa.

virgili

Todo el mundo corría, nadie sabía qué hacer, había mucho ruido...
De pronto vi a Jaime. Subí en su coche y salimos corriendo. Luego,
en la autopista, otra vez: controles de policía, atascos de coches,
todo el mundo hacía sonar la bocina... Llegamos a casa cansados
y nos fuimos a dormir sin cenar.

No tenía noticias de él desde hacía varios días, no me escribía,
no me llamaba, yo llamaba a su casa pero nadie respondía, otras
veces tenía puesto el contestador automático pero luego no me devolvía la
llamada: cogí el tren y fui a verlo. Lo encontré bastante deprimido. Estuvimos
juntos aquel fin de semana y me explicó sus problemas: ya sabes, lo de su
padre, lo de su novia... Hice lo que pude por ayudarle.

> Cuando escuches,
> fíjate en lo
> que dicen,
> pero también
> en cómo lo
> dicen: el ritmo y
> la entonación
> de las frases
> te indican
> qué es
> lo realmente
> importante y
> qué son solo
> detalles.

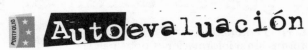

Autoevaluación

En general:

	☀	⛅	⛅	☁
Mi participación en clase				
Mi trabajo en casa				
Mis progresos en español				
Mis dificultades				

Y en particular:

🔧 Gramática					
📖 Vocabulario					
Fonética y pronunciación					
Lectura					
Audición					
✏ Escritura					
Cultura					

Diario personal

Ya hemos terminado GENTE 1, y he aprendido _____. Del ámbito de la vida y costumbres del mundo hispano me han interesado especialmente estos aspectos: _____. En mi propia lengua puedo encontrar más información sobre estos temas: en una biblioteca o en las revistas y en los periódicos. También puedo obtener información en español hablando con personas o leyendo textos; en mi ciudad tengo estas posibilidades: _____. También he aprendido a aprender mejor. (He aplicado alguno de los trucos, por ejemplo:... / No he aplicado ninguno, porque / y / pero...) _____. Ahora mis objetivos son _____.

CAPÍTULO ①

CAPÍTULO

En el Cámping Mediterráneo trabaja bastante gente.

¡Zzzz...

RECEPCIÓN

Alba es bióloga, pero está en el paro. Ahora está preparando su tesis doctoral y trabaja en el cámping de su tío Antonio, para ganar algo de dinero y ayudarle. Tiene 26 años y es soltera. Y, como veréis, es una mujer valiente y con mucha personalidad.

A ver... un poquito de alcohol...

Glups...

Antonio Gaviria, el tío de Alba, tiene unos 65 años. Es el propietario del cámping. Es una excelente persona: ayuda siempre a todo el mundo, es honrado y sincero. En resumen, una buena persona. Por eso, quizá, no es muy bueno en los negocios. Es viudo y vive con Alba en una casita, en el mismo cámping. Es muy aficionado a la jardinería. Cultiva orquídeas.

¡Qué bonita!

José Luis Ibarra es el director. Tiene treinta y cinco años, es soltero y vive en Benisol desde hace un año. Tiene un Máster en hostelería, habla inglés muy bien, y vive pegado a su teléfono móvil. Ah, y es muy aficionado al dinero.

Pedante.

¡Egoísta, antipático!

Las relaciones de José Luis con Alba no son fáciles. No tienen ni las mismas ideas ni los mismos gustos.

También trabajan en el cámping todas estas personas...

Manolo, el del bar, y Concha, su mujer.

Supermercado Mediterráneo, dígame.

Enriqueta, que trabaja en el supermercado y su hijo, Nani: una mujer fantástica.

JAIME ES ARQUITECTO. TIENE 31 AÑOS Y VIVE EN MUNICH. SU MADRE ES ESPAÑOLA PERO VIVE EN ALEMANIA DESDE 1952. EMIGRANTE, COMO MUCHOS ESPAÑOLES. POR ESO JAIME HABLA MUY BIEN ESPAÑOL. MEJOR DICHO, HABLA UN ESPAÑOL PERFECTO.

ES MUY AFICIONADO A LA NATURALEZA Y A LA MÚSICA, AL JAZZ, ESPECIALMENTE. TOCA EL CLARINETE BASTANTE BIEN. ES SEPARADO Y, ÚLTIMAMENTE, ESTÁ UN POCO DEPRIMIDO. SE SIENTE SOLO. POR ESO ESTÁ AQUÍ, DE VACACIONES, EN LA COSTA ESPAÑOLA, CON TRES AMIGOS: MARTHA, EDUARDO Y UWE.

EDUARDO ES ARGENTINO. TIENE 36 AÑOS Y TAMBIÉN ES ARQUITECTO. ÉL Y JAIME TRABAJAN EN EL MISMO ESTUDIO DE ARQUITECTURA. EDUARDO, EN SU TIEMPO LIBRE ESCRIBE CUENTOS Y CANCIONES, UNOS TEXTOS MUY BUENOS, PIENSA JAIME.

UWE TRABAJA EN UN PERIÓDICO. ES DIBUJANTE. VIVE SOLO. BUENO, CON SÓFOCLES, SU GATO. ES TRANQUILO, SOCIABLE Y ALEGRE. NO ESTÁ CASADO, PERO QUIERE CASARSE. CASARSE ES SU PROBLEMA: ENCONTRAR A LA MUJER DE SU VIDA. AHORA QUIERE ENCONTRAR NOVIA EN ESPAÑA. PERO NO HABLA CASI NADA DE ESPAÑOL...

EDUARDO VIVE CON MARTHA, QUE ES HOLANDESA Y PROFESORA DE FRANCÉS, PERO HABLA MUY BIEN ESPAÑOL. MARTHA ES DIVORCIADA Y TIENE UNA HIJA DE TRECE AÑOS, EVA. EVA VIVE CON MARTHA Y EDUARDO, NORMALMENTE, PERO AHORA ESTÁ CON SU PADRE, EN GRECIA.

CAPÍTULO

③

`La familia Martínez empieza hoy sus vacaciones en el cámping Mediterráneo. Cada año pasan sus vacaciones en Benisol. Ahora están en la recepción, el señor y la señora Martínez, los cuatro niños, Carlitos, Jesusito, Silvia y el bebé, y la abuela, doña Engracia. Hablan con Ibarra, el director.

MARTÍNEZ: No, no, no... Ni hablar... La plaza 54, no. No quiero estar al lado del bar...
DOÑA ENGRACIA: Yo tampoco.
CARLITOS: Yo tampoco.
JESUSITO: Ni yo...
SILVIA: Pues yo sí...
IBARRA: Pues no tenemos nada más, lo siento...
MARTÍNEZ: ¿Cómo? ¿Cómo dice usted? Vengo a este cámping todos los veranos, tengo una plaza reservada desde marzo... Y usted quiere darme una plaza entre el bar y los servicios... ¡Muy bien, muy bien...! Quiero hablar con el director...
IBARRA: Yo soy el director. Y no hay más plazas libres. El cámping está completo. Lo siento...

A Ibarra le gusta sentirse importante. Le gusta la frase "yo soy el director".

ALBA: Perdona, José Luis, creo que... bueno, creo que tenemos tres plazas cerca de la playa...
MARTÍNEZ: ¡Quiero una plaza cerca de la playa! Como todos los veranos...
DOÑA ENGRACIA: Sí señor. Bien dicho, hijo mío... Queremos hablar con el director.

La abuela de los Martínez no oye muy bien.

CARLITOS: El director es él, abuela...
IBARRA: ¿Cúantas plazas? ¿Y dónde?
ALBA: La 35, la 29 y la 101...
IBARRA: Bueno, pues, la 35 ó la 29...
JESUSITO: Yo prefiero la 101. Está cerca de la piscina...

Todos los días hay problemas así. Alba cree que Ibarra no trabaja bien y que es antipático con los clientes. A Alba le gusta ser amable con la gente. Pero a su tío Antonio, el propietario del cámping, Ibarra le gusta.

El Camping Mediterráneo es un lugar agradable. Está en una playa turística pero bastante tranquila. Hay muchos pinos y el clima es fantástico. De junio a septiembre no llueve casi nada. Al lado del mar tampoco hace demasiado calor. Por suerte, cerca del cámping no hay muchas casas. Hay, sobre todo, campos de naranjos, que en primavera se llenan de flores blancas y naranjas.

El pueblo, Benisol, está a 3 kilómetros y la carretera termina en el cámping. Al lado del cámping hay una zona muy interesante desde el punto de vista ecológico. Es una zona muy húmeda donde paran muchas aves, en sus viajes hacia África y hacia el norte de Europa. En particular, el avetoro, un ave protegida.

Es un lugar fantástico y eso es un problema: el cámping interesa a mucha gente. Por ejemplo, a Duque, un conocido hombre de negocios de Benisol. Dicen que Duque tiene relaciones con la mafia.

Duque quiere construir en Benisol un centro de vacaciones. Tiene ya 7 hectáreas junto a la playa. Y ahora quiere comprar el Cámping Mediterráneo. Pero Antonio, el propietario, no quiere venderlo. Además, el Ayuntamiento de Benisol no quiere más apartamentos en esa zona. Es una región muy importante ecológicamente y con bastantes problemas ambientales.

Naturalmente, Vicente Gil, el alcalde, y Duque, el constructor, no son muy amigos.

Hoy están con Duque en su oficina Jacinto Cano, el arquitecto, y Omedes, su socio. Hablan del nuevo complejo turístico de Benisol y estudian el proyecto.

DUQUE: Aquí las piscinas, el restaurante y la discoteca... Y entre el edificio A y el B, tres pistas de tenis y un minigolf. Aquí el centro comercial...
JACINTO CANO: En total, 415 apartamentos, 35 bungalows... Y el hotel, claro: un hotel de 200 habitaciones.
DUQUE: Pero esos dos estúpidos...
JACINTO CANO: ¿Quiénes?
OMEDES: El propietario del cámping, Antonio, y el alcalde... Pero tenemos un buen amigo en el Cámping Mediterráneo...
JACINTO CANO: ¿Quién? ¿Ibarra?

MIENTRAS, EN EL BAR DEL CÁMPING...

DUQUE: Claro, Ibarra, el director. Necesitamos un nuevo director en el hotel, ¿no?

* * *

Mientras, Jaime y sus amigos están en el bar del cámping tomando una cerveza y organizando sus vacaciones.

JAIME: Mira, hay un castillo del siglo VIII, aquí cerca, a 5 Km.
EDUARDO: Sí, hay muchas cosas interesantes en esta región. Varias iglesias románicas, castillos, pueblos típicos...
JAIME: Sí, está bien... Playa, montaña, monumentos... Y estamos cerca de Valencia y de Barcelona.
MARTHA: Huy, huy, huy... Yo quiero descansar, tomar el sol, bañarme, leer novelas, escribir postales a los amigos... ¡Unas vacaciones tranquilas!
JAIME: Bueno, a mí la playa no me gusta mucho, ya sabes... Además, ¿no te interesa la historia, la cultura, conocer las costumbres de los españoles...? A ti te gusta mucho la pintura...
MARTHA: Sí, me interesa mucho el arte pero quiero descansar... Tú visitas ciudades, monumentos y museos... Y yo me voy a la playa, a leer novelas. Tengo dos novelas policiacas muy buenas. Por cierto, una es de un autor español, de Vázquez Montalbán.
EDUARDO: A mí también me interesa conocer un poco la región.
JAIME: Bueno, pues tú y yo hacemos alguna excursión...
MARTHA: Por mí no hay problema.
EDUARDO: ¿Tú qué prefieres ver? ¿Barcelona o Valencia?
JAIME: Pues no sé... ¿Y a ti? ¿Qué te interesa visitar?
EDUARDO: Yo prefiero ir a Valencia. Está más cerca, ¿no? Barcelona está un poco lejos...
En ese momento, Alba, la recepcionista, pasa al lado de los nuevos clientes y les da más información.
ALBA: Sí, Barcelona está un poquito más lejos. Unas dos horas en coche. Pero las dos ciudades son muy interesantes... En Barcelona: Picasso, Miró, Gaudí, buenos conciertos, ahora en verano... Y en Valencia hay muchas cosas para visitar también: un museo de arte contemporáneo importante, edificios góticos y palacios renacentistas... Un mercado modernista... ¡Y mucho ambiente por la noche!
JAIME: Gracias por la información.
ALBA: De nada. Bueno, adiós, que tengo mucho trabajo.

Alba vuelve a la recepción y Jaime y sus amigos siguen haciendo planes.

JAIME: ¿No te interesa ver la obra de Gaudí?
EDUARDO: Sí, claro.
MARTHA: Yo, mañana, me voy a la playa.
EDUARDO: Tranquila... Mañana no vamos a salir del cámping. Todos estamos cansados del viaje. Yo, por ejemplo, ahora me voy dormir una siesta.
JAIME: Mañana hay un concierto de "Los Terribles".
MARTHA: ¿Qué?
JAIME: Sí, hay un concierto, aquí en el cámping, aquí en el bar. Mira...

A Jaime, en realidad, no le gustan este tipo de vacaciones. Él prefiere conocer otras culturas, viajar a grandes ciudades: Nueva York, Sidney, Hong Kong... Pero este verano no quería estar solo. Ha preferido estar con sus mejores amigos, Eduardo, Martha y Uwe, y hacer unas típicas vacaciones en la costa mediterránea: tomar el sol, comer mucho, dormir...

Por la tarde, va un rato solo a la playa. Pasea un poco y se sienta en la arena. Empieza a tener dudas: ¿ha sido una buena idea aceptar el plan de sus amigos?

"¿Qué hago yo aquí? No me gusta el verano, ni la playa, ni los sitios turísticos... No me gusta bañarme y aquí hace calor... ¡Me pican los mosquitos y me quemo si tomo el sol! ¡Buffff...!", piensa Jaime. "Y voy a pasar 20 días en este cámping... ¡Qué vacaciones! ¡Qué horror!"

También Alba va a la playa por la tarde. A las ocho cada día tiene una hora libre y, de ocho a nueve, corre por la playa. Hoy corre cerca de donde está Jaime. Él la ve pasar. La llama y piensa: "¡Ufff! Una mujer muy interesante... ¡Pero muy aficionada al deporte!". Pero ella no le oye y sigue corriendo.

CAPÍTULO

4

Jaime y sus amigos están organizando su vida en el cámping. Tienen que ir de compras.

JAIME: ¿Vamos al supermercado del cámping o al pueblo?
MARTHA: El supermercado del cámping está bien... Necesitamos pilas para la radio, papel higiénico, detergente para la vajilla y para la ropa, agua mineral, pan...
UWE: Y... ¡cerveza!

Uwe ya sabe muchas palabras en español: "hola", "perdón", "buenos días", "cerveza", "sangría" y, naturalmente, "gato".

EDUARDO: ¿Vamos de compras tú y yo, Jaime?
JAIME: Vale. Yo también necesito varias cosas. ¿Tiene comida Sófocles?
MARTHA: No, no mucha... ¿Compráis una bolsa?
EDUARDO: Sí.
MARTHA: ¿Hay un quiosco en el cámping?
JAIME: No sé. ¿Por qué?
MARTHA: A ver si puedes comprar un periódico holandés.
EDUARDO: Creo que en el supermercado venden periódicos.
MARTHA: Si no, en el pueblo...
EDUARDO: Y creo que Uwe necesita un nuevo diccionario.
JAIME: Sí, ja, ja, ja...

CREO QUE UWE NECESITA UN NUEVO DICCIONARIO.

SÍ, JA, JA, JA...

Jaime y Eduardo van al supermercado del cámping. Jaime quiere comprarse un bañador. Va a la sección de artículos de playa y coge uno rojo, verde y amarillo, con palmeras y flores.

JAIME: Eduardo, ¿te gusta este bañador?
EDUARDO: ¿Para ti? Ja,ja,ja... No, no me gusta nada. Tú necesitas uno más serio.
JAIME: ¿Y este otro?
EDUARDO: Este es demasiado clásico.

Jaime quiere estar guapo esta tarde en la playa. Por eso se compra un nuevo bañador. Quizá Alba, esa mujer tan interesante que trabaja en el cámping, va a correr. Él todavía tiene su cinta del pelo. Hoy quizá pueda dársela y hablar un poco con ella. Finalmente, Jaime y Eduardo compran varias cosas. Entre ellas, el bañador de palmeras. Van a la caja a pagar.

JAIME: ¿Tienen películas de fotos?
CAJERA: Kikocolor, ¿le va bien?
JAIME: Sí, de 36 fotos, por favor...
CAJERA: Aquí tiene.
JAIME: Pues yo me llevo este bañador. A mí me gusta... ¿Cúanto vale?
CAJERA: A ver... 14 euros.
JAIME: Vale, me lo quedo.

* * *

Al cabo de un rato, los dos amigos vuelven con las bolsas del supermercado a la autocaravana. Uwe señala la bolsa de la comida de gato y pregunta...

UWE: ¿Comida de... perro?
EDUARDO: De gato, ga-to. Sófocles es un gaaa-to...
JAIME: ¿Ves? Necesita un nuevo diccionario... ¡No se lo hemos comprado...!
MARTHA: No. Uwe ha dicho "perro", "pe-rro". Y quiere decir "perro". Tiene un nuevo amigo.

Y es verdad: Uwe ha encontrado un perro abandonado.

EDUARDO: ¡Dios mío! Lo que faltaba... ¿Cómo se llama? ¿Eurípides?
MARTHA: No... Sócrates.
UWE: Bonito, ¿no? Y es muy bueno...

* * *

En otro lugar, no muy lejos, también hablan de compras, de otro tipo de compras: en la oficina de Duque. Duque y sus socios hablan de la "operación Cámping Mediterráneo".

–Entonces, tú quieres comprarle el cámping a Gaviria... –dice Cano, el arquitecto.

–Sí, claro. Pero él no lo quiere vender –responde Duque–. Necesito esos terrenos. Mirad este plano. Yo tengo 7 hectáreas. Pero para construir este complejo turístico, se necesitan unas 11 ó 12. Si no, no es económicamente interesante.

–¿Cuánto valen los terrenos? –pregunta Cano.

–¿Qué le compramos? –pregunta Chus.
–¿Unas flores? ¿Un libro? –dice Pancho.
–No es muy original... –opina Tere.
–No, nada original... ¡Un CD! –dice Mario.
–Siempre le compramos música –contesta Enriqueta.
Chus tiene una idea.
–¡Ya lo sé! Enriqueta, en la tienda tienes un bañador muy bonito, uno rojo, con palmeras verdes...
–Sí, lo tengo para hombre y para mujer. Acabo de vender uno... Es muy bonito, precioso...
–Pues a Alba le gusta, me lo ha dicho. Quería comprárselo...

ENTONCES TÚ QUIERES COMPRARLE EL CÁMPING A GAVIRIA...

SÍ, CLARO. PERO ÉL NO LO QUIERE VENDER. NECESITO ESOS TERRENOS. MIRAD ESTE PLANO.

–¿Los de Gaviria? Seiscientos mil euros, –dice Duque–. Depende...

–¡Seiscientos mil...! No está mal... ¿Y no quiere venderlos? ¿No quiere seiscientos mil euros? ¿Prefiere su cámping?

–Sí, es un romántico, un viejo loco... –explica Omedes.

–¿Y qué podemos hacer? –pregunta Cano, el arquitecto.

–Tranquilos... Yo tengo mis "métodos"... –explica Duque.

–También tenemos otro problema: Vicente Gil, el alcalde... –dice Omedes.

–No hay problema... Le hacemos un regalo. Un buen regalo y ya está.

–¿Tú crees? –pregunta Omedes–. Es un hombre muy serio, muy recto. ¡Ecologista...!

–¿Ecologista? ¿Y qué? Todo el mundo tiene un precio, ¿no? –dice Duque.

Duque no tiene una idea muy buena de la humanidad. Piensa que todo el mundo es como él.

–Le podemos pagar, por ejemplo, su próxima campaña electoral –explica el constructor a sus socios–. Hay elecciones en octubre, ¿no?

* * *

–Los que trabajan en el cámping también están organizando compras. Mañana, 28 de julio, es el cumpleaños de Alba (¡27 años!) y quieren regalarle algo.

¡YA LO SÉ! ENRIQUETA, EN LA TIENDA TIENES UN BAÑADOR MUY BONITO, UNO ROJO, CON PALMERAS VERDES...

–Pues es una buena idea, un bañador. Es un regalo original. ¿Sabemos su talla? –pregunta Tere.

–Es talla única –explica Enriqueta.

–Ah, perfecto. ¿Y cuánto cuesta? –dice Mario.

–Unos 25 euros, creo. No es caro. Unos tres euros cada uno...

–Pues, le compramos el bañador ese –decide "Chapuzas"–. ¿Y para la fiesta? ¿Qué hacemos? ¿Cómo lo organizamos?

Los compañeros del cámping le organizan a Alba una pequeña fiesta de cumpleaños, para después del concierto de "Los Terribles". Es una sorpresa. Alba no sabe nada. Pero no están todos los compañeros. Ibarra, no está.

– Yo puedo hacer unas pizzas... –dice Mario, el cocinero.

–Y yo hago un pastel... –añade Enriqueta, la de la tienda–. Un pastel de limón, que a ella le gusta mucho.

–Y yo le hago un dibujo –dice Nani, el hijo de Enriqueta.

–En el bar tenemos las bebidas. ¿Cava y cerveza? –dice Manolo.

–Sí, y zumos... –añade Concha.

–Pero el regalo se lo damos antes, ¿no? –comenta Tere.

–Sí, por la mañana.

Por la tarde, Jaime, con su fantástico bañador nuevo, un libro y la cinta del pelo de Alba, va a la playa. Pero hoy Alba tiene mucho trabajo en la recepción y no va a correr. Además, su tío Antonio está muy preocupado. Tiene problemas. Problemas con Duque. Y necesita hablar con Alba. En su hora libre, Alba va a casa de su tío para hablar un rato con él.

Antonio, le da a su sobrina, sin decir nada, una hoja de papel.

–Mira esto –dice.

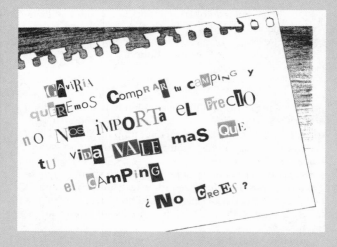

–Dios mío..., ¿qué es esto? –pregunta Alba–. ¿Es de Duque?

–Naturalmente.

–Es muy grave. Gravísimo... ¡Es una amenaza de muerte!

–Sí, sí lo es. Duque es peligroso. Pero yo no quiero vender el cámping. ¡No voy a venderlo! No necesito dinero, soy feliz aquí... Y me gusta Benisol tal como es. No quiero ver estas playas con edificios de quince pisos, como Benidorm o Torremolinos. Yo no le regalo el cámping a Duque ni a nadie... ¡No, ni hablar...!

–¿Qué podemos hacer? ¿Hablar con la policía?

–No... No tenemos pruebas, no tenemos nada. ¿Esta carta? Bah... Un papel, sin firma... Además, Duque tiene mucho poder. Solo podemos hacer una cosa: resistir.

–No sé, no sé... Tenemos que hacer algo.

Alba sabe que tiene que actuar, que tiene que ayudar a su tío. Pero no sabe cómo. ¿Quién puede ayudarla?

CAPÍTULO

En el Cámping Mediterráneo se organizan muchas cosas: conciertos, fiestas, actividades deportivas..., o por ejemplo, aeróbic. Un profesor da una hora de clase todos los días a los clientes del cámping. Uwe, el amigo de Eduardo, quiere hacer deporte este verano.

–Eso no es bueno para la salud. Hace demasiado calor... No es bueno para el corazón... –le dice Eduardo a Jaime. Los dos están en el bar y miran como salta su compañero Uwe.

–Es que a ti no te gusta el deporte... Uwe quiere adelgazar –responde Jaime.

–Claro, quiere estar guapo y encontrar novia...

–Pues yo también quiero hacer un poco de deporte estas vacaciones –comenta Jaime.

–¿Tú? ¿Deporte? ¿Qué deporte? Si tú nunca haces deporte...

–Quiero correr, correr un poco por la playa y nadar. Quiero estar en forma... No estoy muy bien.

–Pero si no estás gordo... ¿O es que quieres encontrar novia también tú? Últimamente haces cosas raras, Jaime... Te compras bañadores "tropicales", quieres "estar en forma"... No sé, no sé... A ti te pasa algo... –dice Eduardo extrañado.

–¿A mí? No... Bueno, un poco de estrés, quizá. Y, ya sabes, no llevo una vida muy sana. Cuando vives solo... No tienes horarios regulares, no comes de forma sana... Una pizza, un bocadillo o un yogur de pie en la cocina, sin ni siquiera sentarte.

–Para llevar una vida sana, también es importante otra cosa...

–¿Qué?

–¡El amor, Jaime! ¡El amor...! El equilibrio anímico. La soledad no es buena.

–Sí, ya sé. Pero no es tan fácil encontrar pareja. Cambiando de tema, ¿jugamos un poco al tenis esta tarde? Hay una pista, aquí en el cámping.

–Bueno. Pero a las 7h ó a las 8h. Antes hace mucho calor...

–A las 7h, mejor. A las 8h tengo que ver a una persona.

–Aha... ¿Ya tienes amigos en el cámping?

* * *

Por la tarde Jaime, después de jugar al tenis con Eduardo, va a la playa.

Allí están muchos de los clientes del cámping: la señora Bibiana y su marido, que dan todas las tardes un paseo por la playa. El médico dice que tienen que andar mucho, que andar es muy sano.

También están los Jensen, la pareja de jubilados daneses. A ella le gusta pescar y todos los días pesca alguna cosa. Su marido, mientras, lee tranquilamente libros de antropología.

La familia Martínez también va a la playa por las tardes. Los niños juegan, y el señor Martínez echa una larga siesta. Martínez es camionero. Se pasa la vida en atascos y trabaja demasiadas horas. En el cámping es totalmente feliz: duerme mucho, come mucho y está con su familia. La señora Martínez también descansa. En la playa lee revistas con historias de princesas: los problemas de Carolina y Estefanía de Mónaco o de Julio Iglesias. Ella dice que solo en la playa puede descansar un poco. Una ama de casa española, con una familia de siete personas, no tiene una vida muy tranquila. "Nunca se habla del estrés del ama de casa", protesta ella. "Pero yo, por ejemplo, todos los días lavo unos catorce calcetines, pongo la mesa tres veces, hago seis camas, limpio dos cuartos de baño, compro un kilo y medio de pan... Soy chófer, profesora, cocinera, economista, señora de la limpieza, camarera, secretaria... O sea, ama de casa."

Jaime se instala tranquilamente en la playa con su nuevo bañador. Nada un poco, lee un poco el periódico...

Al poco rato, como todos los días, Alba aparece en la playa corriendo. Jaime la ve a lo lejos y la llama... Ya sabe cómo se llama: Alba... ¡Qué bonito nombre! Quiere devolverle su cinta y hablar un poco con ella. "Es realmente una mujer interesante", piensa.

Jaime y Alba llevan el mismo bañador: con muchos colores y palmeras. Los dos bañadores son de la tienda del cámping. Jaime se pone rojo. La situación es un poco ridícula, pero divertida.

–Bonito bañador –dice Alba irónica.

–Sí, muy original... –responde él.

–El mío es un regalo de los compañeros del cámping. ¡Hoy es mi cumpleaños!

–¡Felicidades! ¿Cuántos?

–27.

–Mira tengo esto... Es tuyo, ¿no? –Jaime le da su cinta.

–Oh, gracias.

Los dos hablan un poco y Alba se sienta un rato en la arena, al lado de su nuevo amigo.

–¿Haces mucho deporte? –pregunta Eduardo.

–No, no mucho... Un poco, por las tardes. No tengo mucho tiempo.

–¿Trabajas muchas horas en el cámping?

–¿Muchas? Bufff... Todos los días, unas doce o trece horas. Somos pocos en el cámping y tenemos que trabajar duro. ¿Y tú? ¿A qué te dedicas?

–Yo soy arquitecto.

–¿Arquitecto? Mala gente –dice Alba.

–¿Mala gente? ¿Por qué somos mala gente los arquitectos?

–Bueno, no todos. Nosotros, aquí en el cámping, tenemos problemas con un arquitecto. Y especialmente con un constructor y su arquitecto.

–Ah, sí... ¿Qué problemas?

Alba necesita hablar, necesita explicar a alguien el problema de su tío. Y Jaime la escucha.

–Un constructor de Benisol, Duque se llama, quiere comprar el cámping. Es un hombre con mucho poder. Peligroso. Quiere construir, especular... Como siempre pasa en la costa española. Ya sabes: Benidorm, Torremolinos, Marbella, Baleares...

–Sí, edificios y más edificios...

–Mi tío es el propietario del cámping –explica Alba.

–Ah, no sabía...

–Y no quiere venderlo. Le gusta vivir aquí: el cámping es su vida. Además, no quiere ver Benisol destruido. Esta zona tiene mucho valor ecológico. Hay un parque natural, ¿sabes?

–Ah... ¿sí?

–Sí, aquí cerca hay marismas, una zona muy húmeda, donde paran muchas aves que vienen de África a Europa.

–¡Qué interesante!

–En concreto hay una especie protegida, el avetoro... Y si encima construyen un complejo turístico...

–¿Te interesan estos temas?

–Mucho. Soy bióloga.

–¿Bióloga?

–Sí, pero es muy difícil encontrar trabajo. En verano trabajo aquí. Además, ahora estoy preparando la tesis. Sobre un tema de ecología marina, precisamente... ¡Huy, me tengo que ir! Son las ocho y media...

Jaime es muy tímido pero, en el último momento, dice:

–¡Qué pena...! Todo esto es muy interesante. Los turistas, a veces, no sabemos mucho sobre el país donde estamos y sus problemas... ¿Tomamos una copa luego?

Alba duda un poco (¡trabaja tantas horas!). Pero acepta: es importante sentirse bien con una persona. Y con este hombre se siente bien. Últimamente se siente sola. Necesita hablar.

–A las 11h hay un concierto... –dice Alba.

–¿Donde?

–En el bar.

–¿Nos vemos allí? –propone Jaime.

"Es verdaderamente una mujer atractiva", piensa cuando se queda solo. "¡Y qué ojos!", suspira.

* * *

Cuando Jaime llega a la autocaravana, sus amigos le dicen:

–Te sienta bien hacer deporte... Tienes buena cara.

–Sí, es verdad. ¡Estás guapo! –añade Martha.

Es normal. Para estar guapo, hay que estar contento. Y hoy, Jaime está contento. ¡Tiene una cita con Alba!

Uwe, por su parte, sigue estudiando español.

–A-del-ga-tsar...

–A-del-ga-zzzzar...

–Ya... Adelgazar. Quiero adelgazar... –repite Uwe.

–¡Creo que le gusta una compañera de la clase de aeróbic! –dice Martha muerta de risa.

–Sí... Y la peluquera.

–Ah, ¿sí? ¿También?

–También. Me lo ha dicho.

CAPÍTULO

–Eulalia Omedes, sí.

–Y quieres trabajar en el sector del turismo.

–He estudiado tres años en la Escuela de Turismo y me gustaría...

–Ah, muy bien, muy bien. ¿Idiomas?

–Inglés... Regular. Y el francés, lo leo.

–¿Alemán?

–No, alemán no. Lo entiendo un poco... Pero hablar, no, francamente, no.

–¿Tienes experiencia?

–He trabajado en la empresa de mi padre un verano, de secretaria y... Bueno, nada más. En un cámping no he trabajado nunca...

–No importa, no importa. Aquí necesitamos alguien como tú, joven, con ganas de trabajar, con buena presencia... Para la recepción. Tienes que hacer un poco de administración, también. ¿Qué tal de informática? ¿Sabes manejar un ordenador?

Por la noche todos van al concierto: los clientes y los empleados del cámping.

A las 12h, Mario, el cocinero, saca un pastel y todos cantan "Cumpleaños feliz".

Es una fiesta muy divertida: españoles y extranjeros bailan hasta las 4h. Alba le enseña a Jaime a bailar el "pasodoble", Uwe practica su español con Chus, la peluquera, y Eduardo se hace amigo del señor Martínez.

"No todo son problemas", piensa Alba, cuando se va a la cama. "Hay gente estupenda en el cámping."

Algunos, sin embargo, no han ido a la fiesta: la señora Bibiana y su marido han ido a recepción a protestar por el ruido. Pero en recepción hoy no hay nadie. Ibarra, el director, tampoco está en la fiesta de Alba.

Al día siguiente, Ibarra entra en la oficina con una chica. Parece una "Barbie": rubia, alta y delgada, con ropa cara...

–Parece que ayer hubo problemas... –le dice Ibarra a Alba.

–¿Problemas?

–Sí, una señora, la del perrito..., ¿cómo se llama?

–La señora Bibiana.

–Eso. Ha venido a protestar por el ruido.

Sin esperar la respuesta de Alba, Ibarra le da la espalda y entra en su despacho con la chica.

–Lo odio –dice Alba entre dientes.

–¿Quién es? –pregunta Milagros, que está limpiando la recepción. Milagros siempre quiere saber todo lo que pasa en el cámping.

–No sé, ni idea –responde Alba–. Milagros, ¿puedes quedarte aquí, en la recepción, un momento? Yo voy a casa. Tres minutos... ¡Voy a buscar una aspirina! Tomé demasiado cava en mi fiesta... Si viene algún cliente, que espere.

–Tranquila, yo tengo que limpiar todo esto.

Dentro, Ibarra, el director, esta haciendo una entrevista de trabajo a la chica.

–Así que te llamas Lali...

6

–Un poco.

–Tu padre me ha dicho que eres muy trabajadora. Y muy inteligente. Ya sabes que tu padre y yo somos buenos amigos...

Naturalmente, Eulalia Omedes es la hija de Omedes, el socio de Duque, el constructor. Ibarra quiere tener buenas relaciones con Omedes. Y Omedes quiere información sobre el cámping. Laly de recepcionista en el Cámping Mediterráneo les va muy bien a los dos, aunque no sabe nada del cámping y no habla idiomas.

"Esto es una mujer", piensa Ibarra. "Y no esa..."

"Esa" es Alba. Ibarra es un auténtico "macho hispánico". Para él las mujeres tienen que ser elegantes, dulces y tontas. Y hablar poco. Alba, lógicamente, no es su modelo de mujer.

Ibarra le dice después a Eulalia:

–Además, no es para mucho tiempo... Este verano, solamente. Ya sabes que tu papá y Duque construyen un complejo turístico aquí...

Omedes le ha prometido a Ibarra el cargo de director del complejo. Pero Ibarra tiene que ayudarle en una cosa: hundir el Cámping Mediterráneo y obligar a Gaviria a venderlo. Son los famosos "métodos" de Duque.

Fuera de la oficina, Milagros escucha toda la conversación. "¿Quéeeeeee? ¿Que cierran el cámping?" Milagros no puede creer lo que oye.

Alba entra en la recepción con una caja de aspirinas en la mano. Ve que Milagros tiene una expresión muy rara.

–¿Ha venido algún cliente? –le pregunta–. ¿Te pasa algo, Milagros?

–No, nada, nada... Alba..., ¿te puedo preguntar una cosa?

–Sí, claro. ¿Qué?

–Oye, ¿tú te vas? ¿Has encontrado otro trabajo?

–No, ¿por qué?

–No, por nada...

–Milagros, que te conozco. ¿Por qué me preguntas eso? Milagros no puede tener secretos y Alba lo sabe.

–Es que... Bueno que... Ibarra ha contratado a una nueva recepcionista.

–¿Quéeeee?

–Sí, esa chica que ha venido.

–¿La "Barbie"? –pregunta Alba.

–No, no se llama Barbi. Se llama Eulalia y es la hija de un constructor de Benisol, de un tal Omedes.

–¿La hija de Omedes...? ¡Es el socio de Duque! Gracias, Milagros, gracias por la información... Es una información muy importante para mí.

Alba sale corriendo. Va en busca de su tío.

Antonio Gaviria no sabe nada de Eulalia Omedes. Ibarra no le ha hablado del tema.

–Tranquila, Alba. Tenemos mucho trabajo. José Luis sabe muy bien lo que hace. Y él es el director...

–Tío, no entienes nada... Esta chica es la hija de Omedes. ¡Es una espía de Duque!

–Niña... Eso son fantasmas...

–¿Fantasmas? Sí, sí... fantasmas.

CAPÍTULO

7

¡HOY NO COCINAMOS!

—¿Qué comemos hoy? —pregunta Martha.

—Espaguetis —responde Jaime.

—¿Otra vez?

—Sí, pero hoy con verduras... La pasta es muy sana.

—Sí, pero engorda.

—No, la pasta no engorda. Engordan las salsas... Y hoy voy a hacer pasta vegetariana; con berenjenas, pimientos, calabacines, tomates, ajo, cebolla, aceitunas... Una receta "mediterránea"... —explica Jaime.

—Mmmmmm.... qué rico —dice Uwe. "Qué rico" es la nueva frase en español de Uwe. Se la ha enseñado Chus, la peluquera.

—¡No, no, no, no...! ¡Hoy no cocinamos! —dice Eduardo.

—¿Por qué?

—Porque mi amigo, Pepe Martínez, nos ha invitado a comer una paella.

—¿El vecino? —pregunta Jaime.

—Sí, el de esa tienda. Son muy simpáticos.

—Nos han invitado a comer... ¿qué? —pregunta Martha.

—Paella. ¿No has comido nunca paella? El plato más típico de la cocina española. Es un plato valenciano pero se come en toda España. Una paella bien hecha es... es... ¡Una obra de arte!

—Sí, lo sé. Pero yo no he comido nunca una buena paella —explica Martha.

—Yo tampoco. ¿Qué es exactamente "una paella bien hecha"? —pregunta Eduardo.

—Es arroz con... Bueno, con muchas cosas. Depende. Hay muchas recetas diferentes. Es un plato muy complicado. Un plato "barroco", como dice Manuel Vicent, que es un escritor valenciano. Hay paella de pescado, paella de carne, paella de caracoles...

—¿De qué? —pregunta Martha horrorizada.

—De caracoles. Está riquísima. La mejor. ¡Mi madre hace unas paellas de caracoles...! —explica Jaime entusiasmado.

—Pues yo no voy —dice Martha—. Si lleva caracoles, yo no voy. Bufff... Qué asco...

—Hay paellas muy especiales: arroz negro, que lleva tinta de sepia, arroz con ancas de rana, arroz con rata de agua, arroz con ardillas... Hay cientos de recetas. En el Levante español hay arroces con todo, para todos los gustos —sigue explicando Jaime.

—Ay, qué horror... Calla, calla...

—Tú, tranquila: Martínez hace paella mixta, una versión *ligth*, para turistas. Solo lleva marisco, carne y verduras. Y arroz, claro.

—¿Seguro? —pregunta Martha todavía preocupada.

—Sí, seguro.

—¿Y la hace él?

—Sí, las paellas, muchas veces, las hacen los hombres.

—Ah, qué bien —dice Martha. La paella ya le parece mejor.

En ese momento pasa Martínez que ha ido a Benisol a comprar al mercado. Trae una cesta con los ingredientes de la paella. Y los enseña a sus nuevos amigos extranjeros:

—Calamares, mejillones, almejas, gambas y cigalas... Y el pescado, para el caldo.

—¿Qué caldo? —pregunta Eduardo—. Yo quiero aprender a hacer paella.

CALAMARES, MEJILLONES, ALMEJAS, GAMBAS Y CIGALAS... Y EL PESCADO, PARA EL CALDO.

–Pues lo primero: para hacer una buena paella, se hace un caldo de pescado... –explica Martínez.

–Yo pensaba que se hacía con agua... –dice Eduardo.

–No, el arroz se cuece en el caldo. El tiempo de cocción y la cantidad de caldo es lo más importante. Si pones demasiado caldo, no sale bien.

Benisol está en una región donde se hacen muchas paellas. En el Cámping Mediterráneo, Mario, el cocinero, las hace muy buenas. Él dice que es "el rey de la paella". Hoy en el restaurante del cámping también tienen paella, la especialidad de Mario: paella de pollo, conejo y "garrofons", unas judías blancas especiales.

–Yo no hago paellas para turistas –comenta Mario con desprecio–. Yo soy valenciano y hago paella de verdad. Un madrileño como Martínez no sabe nada de paellas...

Martínez todos los veranos, desde hace años, habla durante diez días de su "famosa" paella.

–A mí, la de Mario, no me gusta. Lo siento –dice Martínez muy serio.

Mario critica todos los veranos "las paellas de los turistas" del Sr. Martínez.

* * *

A las 2h Jaime y sus amigos están en la tienda de los Martínez. Pero la paella no está preparada todavía.

–La paella es un plato "colectivo", "social"... –explica Jaime a sus amigos–. Siempre hay que esperar, siempre se come tarde y con mucha hambre.

–¿Te gusta la paella, guapa? –pregunta la abuela de los Martínez a Martha.

–Mmmm... Bueno, no sé... –duda Martha.

La abuela no lo entiende.

–¿Cómo? ¿Cómo que no sabes? Te gusta o no te gusta...

–Es que no he comido nunca... Quiero decir aquí, en España, una paella de verdad.

La pobre abuela está muy sorprendida. No entiende que haya gente en el mundo que no ha comido nunca paella.

–¿Nunca, nunca...? –pregunta otra vez incrédula.

La señora Martínez, Maruja, corta cebollas, pela ajos, ralla tomate...

–¡Bah! Los hombres dicen que ellos hacen la paella pero... –le explica a Martha–. Ellos echan el agua y el arroz. ¡Y luego dicen que la han hecho ellos...!

–Como siempre...

–Cocinar es muy fácil, si alguien te lo prepara todo –añade Maruja Martínez–. Además, luego lo dejan todo sucio por ahí...

Martínez le explica a Eduardo lo que hace.

–¿Ves? Primero echamos los calamares, la sepia, el pollo y el pimiento en el aceite caliente... Aceite de oliva, por supuesto.

–¿Y el tomate?

–No, todavía no. El tomate, luego.

–¿Y las gambas?

–Después, después. Casi al final.

–¿Y cebollas?

–No, yo no pongo cebolla. Hay gente que pone cebolla, pero yo no.

El sofrito huele ya muy bien. Todos tienen un hambre terrible.

Los niños Martínez ponen la mesa y toman el aperitivo: patatas, aceitunas, almendras, chorizo...

–¿Cerveza o vino? –pregunta Maruja a sus invitados.

–Tenéis que probar este vino –dice Martínez a sus nuevos amigos–. Es de nuestro pueblo. Lo hacemos nosotros mismos.

Los Martínez son de un pequeño pueblo de la provincia de Toledo, al sur de Madrid. Tienen todavía la casa de los abuelos, pero viven y trabajan en Madrid.

–La vida en el pueblo es muy dura –explica Martínez a Jaime–. Ya sabes... Tus padres se fueron a Alemania y nosotros, a Madrid. Allí no hay trabajo para todos...

Los fines de semana, la familia Martínez, como muchas

—¿Está bueno el chorizo, hijo? —le pregunta la abuela a Uwe.

—Bueno, muy bueno —contesta Uwe en español.

Con la familia Martínez se aprende mucho español, porque todos hablan mucho. El problema es que, a veces, hablan todos al mismo tiempo.

A las 3h la paella está casi lista. Pero en ese momento pasa algo terrible.

—Todos a la mesa —dice Martínez orgulloso de su obra.

Ya están todos muertos de hambre.

Chichi, el perro de la señora Bibiana, persigue a Sófocles, el gato de Uwe. Y Sócrates, el nuevo amigo de Uwe, persigue a Chichi. Detrás van Uwe y la señora Bibiana, gritando.

Y sucede lo inevitable. ¡Adiós paella!

Entre todos tumban la paella.

familias de origen rural, va al pueblo. Allí conservan las tradiciones: hacen vino, matan el cerdo y hacen embutidos, tienen un huerto y árboles frutales...

—¡Qué vino tan bueno! —dice Eduardo.

—Fuerte pero muy bueno —añade Jaime.

—Es que es natural —dice la abuela—. No como el del supermercado, que tiene "mucha química".

La abuela Martínez dice que en Madrid todo tiene "mucha química".

Media hora después están todos en el restaurante del cámping. Martínez repite una y otra vez:

—¡La mejor del verano! ¡No! ¡La mejor que he hecho en años...!

Mario, el cocinero, lee la carta.

—Hoy tenemos en el menú del día... Paella, la especialidad de la casa —explica.

Esta vez Mario ha ganado el concurso de paellas del verano.

CAPÍTULO

Poco a poco Jaime y Alba se han hecho amigos. Ahora están tomando una cerveza en una terraza en la playa.

Jaime le ha explicado la historia de la paella de Martínez.

–¡Pobre Martínez...! Me lo imagino... –comenta ella muerta de la risa.

Luego Alba se queda callada y seria.

–¿Y tú? ¿Qué tal vas? –le pregunta Jaime.

–Mal, bastante mal...

–¿Por qué?

–No sé: la tesis... Trabajo todas las noches hasta las 2h. Luego me levanto a las 7h. Los problemas del cámping, mis relaciones con el jefe, el director. Ibarra, se llama. Es un imbécil. Además, creo que él... –Alba se calla.

–¿Que él qué...?

–No sé, no tengo pruebas, pero creo que está del lado de Duque, ya sabes, del constructor.

–¿Tú crees? ¡Pero si Ibarra es el director del cámping...!

–Sí, pero... ¿Sabes? Últimamente ha hecho cosas raras. Tiene algún secreto... Y ha contratado una nueva recepcionista.

–¿Y tú?

–No sé. Quiere echarme, supongo. ¿Y sabes quién es la nueva recepcionista?

–No, ¿quién?

–Pues la sobrina de un tal Omedes, un socio de Duque. Va a empezar a trabajar mañana –le explica Alba.

–Qué raro... ¿Y qué dice tu tío?

–¡Ay, mi tío! ¡Es tan buena persona! Dice que yo veo fantasmas, que Ibarra es un muy buen director... No sé qué hacer.

–Tengo una idea –dice Jaime.

–¿Qué idea?

–Tengo un amigo en Madrid, Fernando Valcárcel. Es periodista y le interesan mucho los problemas ecológicos. Además, últimamente, ha hecho periodismo de investigación. Trabaja en la revista *Entrevista*. ¿La conoces?

–Sí, claro.

–Quizá puede venir, investigar y escribir algo en su revista. Seguro que el problema de Benisol le interesa.

–Es una idea genial... Pero, ¿crees que va a venir?

–Sí, creo que sí. Si puede, seguro que viene. ¿Qué hora es? Quizá todavía esté en la oficina. Vamos a llamarle.

* * *

Son las 9h y Jaime llama a Fernando. Pero su amigo no está ni en la oficina ni en casa. En casa tiene el contestador y Jaime deja un mensaje: "Fernando, soy Jaime Stein. Estoy de vacaciones en España. En un pueblo del Levante, en Benisol. No tengo teléfono: estoy en un cámping... Pero necesito urgentemente hablar contigo. Te voy a llamar más tarde, sobre las 10h".

"Quizá esté de viaje, trabajando o de vacaciones", piensa preocupado Jaime.

A las 10h vuelve a llamar. Por suerte, ahora sí está en casa.

–¿Diga? –responde Fernando.

–Fernandito, hombre, ¿qué tal estás?

–¡Jaime! ¿Cómo te va? He oído tu mensaje. Acabo de llegar. ¿Qué haces en España?

–Pues mira, aquí, de vacaciones.

–Pero si a ti no te gusta la playa... ¿Qué haces en Levante?

–Pues no sé, la verdad... Estoy con unos amigos. Bueno, no está tan mal. Es un sitio bonito y bastante tranquilo...

–Oye, ¿nos vamos a ver o qué? Yo empiezo las vacaciones pasado mañana.

–Tengo trabajo para ti.

–¿Qué? ¿Trabajo? Ni hablar. Te digo que pasado mañana empiezo las vacaciones. Hoy es 31 de julio, ¿no? ¡¡Va-ca-cio-nes!!! Que este año he trabajado mucho...

—Pues tengo un caso muy interesante. Un reportaje sobre la especulación inmobiliaria en la costa: métodos mafiosos, amenazas de muerte, etc. Además, es una zona ecológicamente protegida...

—¿Ah, sí? –dice Fernando ya un poco más interesado.

—¡Qué pena! Era un caso para ti, Fernando. Quizá le interese a algún periodista de "El Globo". ¿Qué vas a hacer estas vacaciones?

—Bueno, no tengo un plan muy fijo. Ver a la familia, que está en el norte, en Santander, como todos los veranos. Luego quiero visitar a unos amigos en Galicia...

—Pues nada, hombre: vienes a Benisol, trabajas un par de días y, luego, te quedas de vacaciones con nosotros.

—No me gusta el Mediterráneo. Hay demasiada gente y el mar está demasiado caliente.

—¡Tonterías! Esto de aquí es muy bonito. Claro que no va serlo si contruyen 500 apartamentos más...

—Vaaaaale, Jaime, voy. ¡Cuando tú quieres algo...! Explícame exactamente dónde está ese maldito pueblo.

—¿En qué vas a venir?

—En moto.

—Perfecto. Mira, esto está a unos 60 kilómetros de Castellón.

—Bueno, lo voy a mirar en un mapa. ¿Me buscas una habitación? Yo, de cámping, nada, ¿eh?

—Claro, te busco una habitación en un hotel. ¿De cuántas estrellas?

—Mínimo cuatro, por favor –responde irónicamente Fernando.

—¿Cuándo vas a llegar? ¿Mañana?

—No, mañana no puedo. Imposible. Tengo que dejar unas cosas terminadas en la revista. Pasado mañana, si salgo de aquí a las 8h o a las 9h, puedo estar en Benisol a la hora de comer. ¿Dónde nos encontramos?

—A ver... Lo más fácil: yo voy ahora a buscarte habitación. Mañana por la tarde te llamo, te digo dónde te vas a alojar y quedamos en tu hotel.

—Perfecto. Hasta mañana.

Al día siguiente por la mañana, Jaime va a ver a Alba a la recepción.

—¡Viene mañana! Va a llegar a la hora de comer –dice Jaime al entrar en la recepción.

—¡Qué bien!

—Tenemos que buscarle hotel y llamarle a Madrid.

—No va a ser fácil. Estamos en temporada alta. Voy a llamar al Hotel Panorama... –responde Alba ya marcando–. A ver... Seis, uno, cuatro, ocho, cinco, seis.

—Hotel Panorama, dígame.

—Sí, mira... Soy Alba Gaviria, del Cámping Mediterráneo.

—Hola, Alba. Soy Silvia.

—Ah, hola, Silvia, qué tal. No te había reconocido. Quisiera reservar una habitación para un amigo. ¿Tenéis habitaciones libres?

—¿Qué días?

—A partir de mañana. Llega al mediodía.

—Huy, no; lo tengo fatal. Está todo completo. Hasta el día 22 de agosto no tengo nada... Nada de nada. Ni una habitación. Lo siento mucho, chica.

—Bueno, no te preocupes. Oye, ¿qué tal está el Hotel Bahía?

—Dicen que está bien. No es un hotel de lujo, es un tres estrellas, pero no está mal. Tiene piscina y jardín. ¿Tienes el número de teléfono?

—Sí, por aquí lo tengo. Voy a llamar.

—También puedes preguntar en el Hotel Malibú. Es más caro pero está muy bien.

* * *

Alba llama a cinco hoteles. En agosto todo está completo en Benisol. Finalmente, en el Hostal Rosita, tienen una habitación para Fernando. Es una pensión muy barata en una calle ruidosa del centro de Benisol. La misma Rosita, la propietaria, atiende en la recepción.

—Sí, sí, tenemos una habitación –dice Rosita al teléfono–. Pero no tiene baño.

—No importa, me la reserva –Alba ya está un poco desesperada.

—La pensión completa cuesta 14 euros al día por persona –explica Rosita.

—Sólo queremos la habitación. Sin comidas.

—Ah, no. Solo tenemos pensión completa.

—Bueno, pues pensión completa, de acuerdo.

—¿A qué nombre hago la reserva?

—Fernando Valcárcel.

—Vale. Tomo nota, Fernando Valcárcel. ¿Para cuántos días?

—Todavía no lo sé. Una semana o algo así.

Alba cuelga el teléfono y dice:

—¡Por fin! ¡Tenemos una habitación para tu amigo en el Hostal Rosita! Pero no sé si le va a gustar mucho. El Hostal Rosita no es el Hotel Palace. Y está al lado de una discoteca.

—No importa —dice Jaime.

—Yo mañana por la tarde he quedado con Vicente Gil —explica Alba—. Es el alcalde. Es un hombre muy honesto. Quiero hablar de todo esto con él.

—Fenomenal. ¿A qué hora?

—A las ocho.

—Así que mañana no vas a correr.

—No. Tengo que hablar con Gil. Todavía podemos salvar Benisol.

—Sí, no es demasiado tarde.

—Hoy mi tío ha recibido un nuevo anónimo.

—¿Otro? ¿Y qué dice?

—Mira —dice Alba enseñándole una nota.

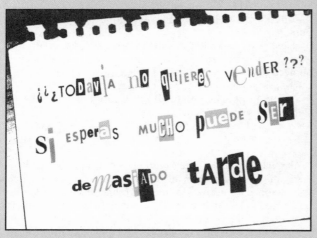

—¿Y qué dice tu tío? —pregunta Jaime.

—Está muy preocupado pero no hace nada. Y no quiere hacer nada. ¿A qué hora nos vemos mañana? Tengo ganas de conocer a tu amigo el periodista.

—Pues después de tu cita con el alcalde.

—Muy bien. Pero no aquí en el cámping. Mejor en el pueblo. Hay que ser discretos.

—¿Dónde?

—Hay un bar en el Paseo del Mar, que se llama "Paquito". Podemos tomar algo allí. Hacen un pescadito frito buenísimo. El mejor de la zona. ¡Y unos calamares...!

—Pues mañana a las 10h en "Paquito".

—O.K.

Los dos empiezan a hablar como en una película policíaca.

* * *

Cuando Jaime se va, Ibarra sale de su despacho.

—Ah, estás ahí... —dice Alba sorprendida.

—Sí, claro, en mi despacho. Veo que tienes buenos amigos entre los clientes...

—Sí —responde secamente Alba. Lo que significa "a ti qué te importa"—. Voy a Correos y al banco —añade, y se va.

"No lo soporto", piensa.

Después, Ibarra llama por teléfono.

—El Sr. Duque, por favor.

—Está reunido. ¿De parte de quién? —contesta una secretaria.

—De José Luis Ibarra.

—Espere un momento, a ver si le puedo pasar.

Luego se oye la voz de Duque.

—Hombre, José Luis, ¿cómo te va?

—Creo que vamos a tener problemas.

—¿Problemas? ¿Qué problemas?

—La "niña" esta, la sobrina de Gaviria... Tiene una cita con el alcalde, y espera a un periodista de Madrid...

—Ah, ¿sí?

CAPÍTULO

En la Plaza Mayor de Benisol, en verano, algunos artesanos venden sus productos en un "mercadillo": bolsos, pendientes, pañuelos, juguetes... Algunos turistas pasean y otros toman helados en la terraza de un bar, debajo de unas palmeras. El Ayuntamiento de Benisol está en la Plaza Mayor, en un viejo edificio del siglo XIX, en bastante mal estado.

Son las ocho de la tarde pero todavía hace calor. Vicente Gil, el alcalde, trabaja cada día hasta muy tarde.

–Luego dicen que los funcionarios no trabajan –dice Alba cuando entra. Vicente es amigo suyo y también su ex profesor. Fue su profesor de historia en el Instituto, cuando Alba tenía 17 años. Desde entonces son buenos amigos.

Hace algunos años, un grupo de profesores e intelectuales se presentaron a la elecciones municipales, como independientes. Querían luchar contra la especulación. Y... ¡sorpresa!: ganaron las elecciones. Ahora Vicente es el alcalde de Benisol. No es brillante pero es eficaz. Es un alcalde trabajador y honesto. Y eso que no es fácil en un pueblo turístico, donde siempre han mandado personajes como Duque. Naturalmente, a Gil no le quieren mucho algunos en Benisol. Duque, por ejemplo.

Gil va cada día a trabajar en bicicleta y escribe poemas. Duque va diciendo por ahí que es un loco, que Benisol puede ser más grande que Benidorm, y que así habría trabajo para todos.

–¿Qué tal, Alba? Te veo muy bien... –dice Vicente al verla entrar.

–Pues no estoy tan bien.

–¿Qué pasa?

–Tengo un problema gordo.

–¿Tú también? Yo tengo varios "problemas gordos" –dice él riendo.

Y es verdad: Gil tiene bastantes problemas. Benisol ha crecido mucho en los últimos años. Tiene 4.800 habitantes y faltan servicios. Se necesitan más zonas verdes, más plazas de guardería y más semáforos. En invierno, cuando no hay turistas, el índice de paro es muy alto. Este verano, la delincuencia ha aumentado mucho, por culpa de las drogas.

Últimamente, un grupo de "cabezas rapadas" crea graves problemas en las discotecas.

Y, el problema número uno: la lucha por conservar Benisol y sus alrededores, ya bastante degradados. Ahora, por ejemplo, el Ayuntamiento quiere crear una zona peatonal en el centro, pero algunos comerciantes no quieren. Dicen que están en crisis por culpa de un nuevo centro comercial, que está en las afueras. El Ayuntamiento tiene poco dinero, poco personal y pocos recursos. Además, como son independientes, no les ayuda ningún partido político.

–Cuéntame tu problema. Los míos son muy aburridos... ¿Puedo hacer algo yo? –pregunta el alcalde a Alba.

–Sí, y mucho. ¿Qué sabes tú de un complejo turístico nuevo? En Playa Larga, al lado del cámping.

– Duque y compañía han presentado un proyecto y han pedido permisos de construcción. Nuestros técnicos lo están estudiando.

–¿Estudiando? Es una locura, una barbaridad... ¡Van a destruir Benisol!

–Sí, Alba, ya sé que es muy grave. Pero no es tan fácil: hay unos planes urbanos, hay unas leyes... Según el plan urbano actual, parece que necesitan más espacio. Les faltan algunas hectáreas. Además, está el tema ecológico... Pero como tienen mucho dinero para invertir...

–Les hace falta el Cámping Mediterráneo.

–Sí, claro. Ellos dicen que se lo vais a vender. ¿Es verdad? Dicen que estáis negociando...

–¿Negociando? ¡Qué va! Nos están amenazando. Y no sabemos qué hacer. Por eso quería hablar contigo.

–Pues si hay amenazas, hay que hablar con la policía –dice Gil–. Y con el juez.

–¿Con la policía? –pregunta Alba–¿Con Gomis? ¿Confías en él?

Gomis es el comisario de policía de Benisol. A Alba no le gusta mucho.

–No es mala persona –comenta Vicente–. Es un poco antipático, un poco bruto...

–¿No le pueden comprar Duque y los otros? ¡Son auténticos mafiosos!

–Sí, lo sé... Pero no. Gomis es un hombre recto. No se deja comprar. Si quieres, yo hablo con él. Pero antes explícame exactamente qué pasa...

Alba le explica a Vicente Gil toda la historia: la negativa de su tío a vender el cámping, las cartas anónimas, la contratación de la nueva recepcionista, el papel ambiguo de Ibarra y la llegada del periodista de Madrid.

Alba sale del Ayuntamiento más animada y más tranquila. Parece que su amigo Gil no quiere el proyecto de Duque para Benisol y está intentando pararlo. Por otra parte, Alba y el alcalde han decidido ponerse en contacto con Gomis, el comisario de policía, y denunciar las amenazas de Duque y sus compinches. "Hay que ser optimista", piensa.

Empieza a andar hacia el puerto. Allí, en "Paquito", la esperan Jaime y su amigo, el periodista de Madrid, Fernando Valcárcel. Un artículo en una revista nacional como *Entrevista* puede ser importante y suponer el empuje definitivo para salvar la costa de Benisol.

YO TENGO VARIOS PROBLEMAS GORDOS.

CAPÍTULO
10

Es casi de noche y hace un poco de viento. Un viento fresco y agradable, que huele a mar. Alba entra en una calle estrecha del barrio viejo, la calle Mistral. Es una calle en la que no hay muchas tiendas y no pasa mucha gente. De pronto, del portal del número 17, salen dos hombres. Tienen un aspecto muy peligroso y uno tiene, además, cara de boxeador. Alba no tiene tiempo de ver nada más. En la espalda siente algo duro y frío. "Una pistola", piensa. Nunca ha tenido una pistola en la espalda pero lo ha visto en las películas.

—Quieta y callada —dice el de cara de boxeador, que la coge fuerte del brazo.

"Estos trabajan para Duque", piensa Alba muerta de miedo.

Muy deprisa, la llevan al puerto y la meten en un coche deportivo amarillo. Después, nota un pequeño pinchazo en el brazo. "Me están drogando", piensa. Luego, siente una terrible sensación de sueño. Ya no tiene miedo. Solo quiere una cosa: dormir.

El coche con los dos hombres y Alba dormida se pone en marcha. Pasa por el Paseo del Mar, y por delante de "Paquito", el bar en el que Jaime y Fernando esperan a Alba. Luego, giran a la derecha, siguen de frente hasta el final, por una avenida. Giran otra vez y entran en la calle Manuel de Falla. Allí, delante del número 67, el coche deportivo amarillo se para. Uno de los hombres baja y abre la puerta de un garage. El otro entra llevando a Alba en brazos. Luego, la calle se queda en silencio. Solo pasa una señora mayor, una viejecita. Pero Alba no ve nada. Está durmiendo como un bebé.

La viejecita es la abuela de los Martínez.

Fernando llega a Benisol a las 15h. Jaime le espera en el Hostal Rosita.

—Lo siento, no hay ni una habitación libre en todo Benisol. Solo he encontrado esto. Si quieres venir con nosotros al cámping... En la autocaravana hay una cama libre...

—No, no, voy a estar bien aquí —dice Fernando muy diplomático.

Dejan la bolsa de viaje en el hostal y van al cámping.

Los amigos de Jaime están sentados delante de la tienda de campaña. Jaime les presenta a su viejo amigo Fernando.

—Este es Fernando —dice Jaime.

—Hola, ¿qué tal? Jaime nos ha hablado mucho de ti.

—Hola, ¿qué tal?

—¿Queréis tomar algo? —pregunta Martha—. ¿Una cerveza?

—Bueno, pero pequeña, ¿eh? —acepta Fernando—. Con este calor...

—¿Qué tal el viaje? —pregunta Eduardo.

—Bien, muy bien, sin problema. No había mucho tráfico. Y, además, en moto es muy agradable.

En ese momento pasa por ahí Martínez, el vecino.

—¿Qué tal? ¿Cómo vamos? —dice.

—Hola, Martínez, ¿qué tal? Mira, te presento a un amigo de Madrid, Fernando.

—Hombre, madrileño, como nosotros...

Martínez siempre tiene ganas de hablar. Martha dice que les visita para descansar de su familia. De la abuela y de los cuatro niños.

—¿Una cerveza fresquita, Martínez? —le ofrece Eduardo.

Martínez la acepta rápidamente y se sienta.

Jaime se pone un poco nervioso. Quiere explicar el problema de Alba a Fernando. Pero Fernando está feliz, con sus nuevos amigos y su cerveza.

—Oye, pues es bonito esto. Yo no conocía esta zona —dice.

—Está muy bien —explica Martínez—. Es un cámping tranquilo, nada ruidoso, con el mar al lado. Y no es caro... Y en el cámping está uno como en casa: tu nevera, tu habitación, tu cocina, tu tele... ¡Hasta el microondas hemos traído este verano!

Y es que la caravana y las tiendas de los Martínez son realmente como una casa. Muebles, electrodomésticos... La abuela ha puesto incluso unos geranios en la ventana de la caravana.

—Tengo una idea... —dice por fin Martínez—. ¿Por qué no venís mañana a comer una paella? Os la debo. Así conocemos mejor a vuestro amigo... Fernando te llamas, ¿verdad?

—Sí, Fernando.

—Ay, qué pena la del otro día... —suspira Martínez pensando en su paella—. ¡Cómo olía! La mejor de mi vida...

—Es que Martínez es especialista en paellas, ¿sabes? —explica Jaime—. Hace unas paellas riquísimas.

—No como las de los restaurantes —añade Martínez.

Fernando mira extrañado a Martínez, que se ha puesto de pronto muy triste, y a Martha, que casi no puede controlar la risa.

Luego, aparecen Sófocles y Sócrates. El gato y el perro se han hecho muy amigos y son inseparables.

Martínez les mira con odio pero no dice nada.

* * *

A las 10h Jaime y su amigo Fernando, el periodista, llegan a "Paquito", el bar del puerto donde han quedado con Alba.

—¿Qué van tomar? —pregunta el camarero.

—Yo una caña, ¿y tú?

—Yo otra.

—Dos cervezas... ¿Algo para picar? Calamares, anchoas, pescadito, gambas, pulpo, patatas bravas... —vuelve a preguntar el camarero.

—¿Una de pescadito? —sugiere Jaime.

—Vale, y unos calamares.

—¡Marchando una de calamares y una de pescadito! —grita el camarero a la cocina.

Los dos viejos amigos tienen muchas cosas de que hablar. Hace dos años que no se ven.

A las 10.45h se dan cuenta de que es tarde.

—¡Qué raro! Llega muy tarde tu amiga, ¿no? —pregunta Fernando.

—Sí, es un poco extraño.

Toman dos cervezas más y esperan. Jaime está ya un poco nervioso.

A las 11h empieza a pensar que ha pasado algo.

—No puede ser. Es una chica muy seria, muy formal. Nunca llega tarde —le explica a Fernando—. Vamos al cámping. A lo mejor nos hemos entendido mal —propone luego.

CAPÍTULO

11

A las 11.20h Fernando y Jaime salen hacia el cámping en la moto de Fernando.

Primero, Fernando va al bar. Allí habla con Mario, con Manolo y con Concha.

—No, Alba no ha venido por aquí. No la hemos visto... —explica Concha.

—A mí me ha dicho que tenía cosas que hacer en el pueblo, en Benisol —añade Manolo.

—Mario, ¿tú has visto a Alba? —pregunta Concha al cocinero, que sale de la cocina.

—No, no la he visto. ¡Si no he salido de la cocina en todo el santo día...! ¿Por qué?

Luego la buscan en la recepción. Ibarra ya se ha ido. En la oficina solo está Milagros, la señora de la limpieza.

—¿Alba? No, no, por aquí no ha venido —explica ella—. ¿Pasa algo? —pregunta.

—No, no, nada. Quería hablar con ella —miente Jaime.

Preguntan también a Enriqueta, la de la tienda, a Chus y a Tere, las peluqueras, a "Chapuzas"... Pero nadie la ha visto.

Finalmente, van a casa de Antonio Gaviria, el tío de Alba.

—Antes de salir, me ha dicho que tenía una cita con un amigo y con un periodista —explica el tío.

—Sí, con nosotros...

—¡Esta chica! Siempre se busca problemas... ¿Dónde estará? —suspira Gaviria, preocupado.

* * *

A las 12h Jaime y Fernando salen de casa de Gaviria.

—¿Qué hacemos? —pregunta Fernando.

—No sé... Esperar un poco. Vamos a nuestra caravana y tomamos algo —propone Jaime.

Pasan por delante de las tiendas de la familia Martínez.

—Buenas noches —les saludan los Martínez.

—Oiga, joven... ¿Ya está mejor su amiga? —pregunta de pronto la abuela Martínez.

Jaime no entiende la pregunta.

—¿Cómo dice? —pregunta sorprendido.

—Qué cómo está su amiga —vuelve a decir la abuela—. Alba se llama, ¿no? Es que esta tarde no estaba muy bien, creo.

—¿Cómo? ¿Por qué lo dice, abuela? —pregunta Jaime nervioso—. ¿Qué ha visto? Cuéntenos...

—No, pues nada... Esta tarde he ido al pueblo con mis hijos.

—Sí, hemos ido de compras —explica la señora Martínez.

—Y hemos dado una vuelta por el pueblo —añade la hija.

—Y nos hemos comido un helado —dice el pequeño.

—Y la abuela se ha perdido —explica otro de los niños.

—¡Niños, dejad hablar a la abuela! Siga explicando, abuela —dice Martínez, impaciente.

Todos sospechan que la abuela va a explicar algo importante. Todos callan y la escuchan.

—Pues iba yo con mis hijos paseando tranquilamente... Y, de pronto, se han perdido... Eran las nueve y media o algo así...

—Se ha perdido usted, abuela —dice Maruja.

—Bueno, no importa —sigue la abuela—. Entonces, estaba

yo buscándoles y he seguido por una calle. ¿Cómo se llamaba esa calle...? Era el nombre de un músico... ¿Verdi? ¿Bethoven? No... Déjame pensar... Era un músico español...

—Iba usted por una calle, ¿y qué? —pregunta Jaime impaciente.

—Iba yo paseando, mirando... Y de pronto, se ha parado un coche. Un coche amarillo, de esos que van muy rápido y que solo tienen dos asientos...

—Un deportivo —dice la niña.

—Eso —confirma la abuela—. Y del coche ha bajado un hombre. Muy feo, muy feo, feísimo... Alto y feo. Yo he pensado: "Igual de feo que el tío Ramiro el de Villaendrina". Se parecía a...

—Siga, abuela —insiste Martínez.

—Bueno... Pues, luego ha bajado otro hombre. Este no era tan feo como el otro...

—¿Y...? —todos le piden que continúe su historia.

—No había nadie en la calle. Bueno, solo yo, que pasaba por allí. Y los hombres del coche, claro —explica la anciana.

Todos la escuchan en silencio.

—Entonces uno de ellos, el feo, ha sacado en brazos a una chica. La chica estaba enferma, creo yo. O estaba dormida, no sé... Yo la he visto y de pronto digo: "¡Anda, pero si es Alba, la del cámping! ¿Qué le debe pasar?" Pero no les he dicho nada. La cuidaban los dos hombres muy bien. Han entrado en un edificio y yo he seguido buscando a mi familia. Los he encontrado comiendo unos helados en una heladería, tan felices...

—¡Abuela, por favor! Pero... ¿por qué no nos lo ha explicado antes todo esto? —dice enfadada con su suegra la señora Martínez.

—¿Por qué? ¿Pasa algo? ¿Es importante?

* * *

En unos minutos todo el cámping sabe que pasa algo grave, que Alba está en peligro. "Han secuestrado a Alba" es la frase que se repite entre empleados y clientes.

Gaviria llama a Vicente Gil, el alcalde, y a Gomis, el comisario de policía. Pero Fernando, Jaime y los demás actúan más rápido que la policía...

—Abuela, ¿ha montado usted en moto alguna vez? —le pregunta Fernando a la abuela Martínez.

SIGA EXPLICANDO, ABUELA.

—Claro. Mi marido tenía una moto cuando éramos novios.

—Pues, suba. Vamos a buscar esa calle. Jaime, ¿tú vienes en coche con Martínez?

—Yo también voy –dice Chapuzas.

—Y yo –añade Mario, el cocinero.

Todos en el cámping quieren buscar a Alba.

Incluso los Jensen, en sus bicicletas, salen hacia el pueblo.

Uwe sube al coche de Chus. Con ellos van Sócrates y Sófocles. Salen, a toda velocidad, detrás de la moto de Fernando, hacia Benisol.

* * *

Mientras, en la calle Manuel de Falla, Alba empieza a despertarse. Le duele la cabeza y no sabe dónde está.

—¿Qué pasa? ¿Dónde estoy? ¿Quiénes sois vosotros? –pregunta confusa.

—Tranquila, guapa. No pasa nada. Solo has dormido una pequeña siesta –dice el feo y ríe su propio chiste.

El feo es "El Ardilla", un conocido "gorila" de Benisol. Trabaja en la entrada de la discoteca "Galaxia", la más importante del pueblo. La discoteca es uno de los negocios de Duque.

—¿Qué queréis de mí? –pregunta Alba.

—De ti nada, monada –responde el otro hombre.

—Solo queremos darle un pequeño mensaje a tu tío querido –dice "El Ardilla".

—Hay un señor que quiere decirle una cosa: que ese cámping no es un buen negocio, que es un negocio demasiado peligroso... ¡Hay negocios mucho mejores! Nuestro jefe sabe mucho de negocios.

—Y ahora quédate aquí tranquilita, nosotros vamos a volver mañana por la mañana... Ah, no vive nadie en este edificio. Así que no vale la pena gritar –dice el feo.

Salen y cierran la puerta con llave.

Alba empieza a llorar. Tiene hambre y sed, y le duele una rodilla. Tiene sangre en la pierna. Seguramente se ha caído durante el secuestro.

* * *

Mientras, una abuela y un joven periodista dan vueltas en moto por Benisol.

—¿Es esta calle, abuela? –pregunta Fernando por décima vez.

—A ver... No, me parece que no. La calle esa era más estrecha. Y no tenía árboles. Ni tanta luz.

¿ES ESTA CALLE, ABUELA?

A VER... NO, ME PARECE QUE NO.

Todo el grupo de amigos han decidido registrar todo Benisol, hasta encontrar a Alba.

Preguntan en los bares, en las tiendas. Pero nada, ni rastro. Nadie ha visto a Alba. Solo la abuela Martínez y sus secuestradores.

—¿Qué hora es? –pregunta Fernando cuando se encuenta con Jaime y Martínez.

—Las 2h –dice Jaime.

—¿Qué hacemos? ¿Seguimos?

—Yo sí. Esa gente es muy peligrosa.

—Sí, ya lo veo –confirma Fernando.

—Y tú vas a tener un buen artículo para tu revista, una buena exclusiva –dice Jaime con tristeza.

—Venga, ánimo, Jaime. La vamos a encontrar –le dice. Fernando le conoce bien y adivina los sentimientos de su amigo–. Te gusta mucho esa chica, ¿verdad? –le pregunta.

—Sí, creo que sí –confiesa Jaime–. Es una mujer especial. Últimamente estaba un poco deprimido, ¿sabes? Me sentía solo. Pero desde el día en que la conocí...

—Dios mío, ¡qué mala suerte!: una vez que Jaime se enamora y nos secuestran a la chica –dice Fernando tratando de quitar dramatismo a la situación.

* * *

De pronto, Sócrates, el nuevo perro de Uwe, entra corriendo en la pequeña y oscura calle donde están Jaime y Fernando. Detrás van Sófocles, Uwe y Chus.

—¡Sócrates! ¿A dónde vas? –grita Chus.

Sócrates se para delante de una puerta. Empieza a olerlo todo y a ladrar muy fuerte. Guau, guau, guau... No para de ladrar delante del número 67, un edificio gris de tres plantas, que parece abandonado.

—¿Cómo se llama esta calle? –pregunta Fernando.

—Manuel de Falla –explica Chus.

—¡Un músico español! –gritan Fernando y Eduardo al mismo tiempo.

—¡Sócrates la ha olido!

—¡Alba está ahí dentro! ¡Hay que abrir esa puerta! ¡Albaaaaa! –grita angustiado Jaime.

—Mira, hay sangre en el suelo –dice Chus–. Puede estar herida.

—Pues esta calle no me suena nada –dice la abuela Martínez–. ¡Esta cabeza mía...!

La policía llega enseguida y no es difícil tirar la puerta. También viene en unos minutos una ambulancia. Pero Alba está bien, asustada pero bien. Solo tiene una pequeña herida en la rodilla.

Poco a poco, delante del número 67, se reúne mucha gente: están todos los compañeros del cámping, algunos clientes como los Jensen, Gil, el alcalde...

Alba tiene que acompañar a Gomis, el comisario de policía.

* * *

Al día siguiente todos están ya más tranquilos.

—La policía ha detenido esta madrugada a "El Ardilla", en la discoteca –explica Alba a Fernando y a Jaime–. Además, hay muchas pruebas contra Duque. Dice Gomis que se puede demostrar que él está detrás de todo.

—Esperemos –dice Antonio Gaviria.

—Y ahora, lo siento, pero yo he venido a trabajar —dice Fernando sacando un pequeño "walkman".

—Oh, no...

—¡Esto va a ser una artículo impresionante! Explíquenos, ¿cómo empezó todo? —le pregunta Fernando a Gaviria con voz de locutor de la televisión.

Todo el mundo, con el secuestro de Alba, conoce ya los planes de Duque: la construcción del nuevo complejo turístico en los terrenos del cámping. También saben de los problemas del Ayuntamiento para impedirlo. En el bar del cámping, se reúnen unas 60 personas.

Enriqueta, la del supermercado, se ha convertido en el líder de la movilización:

—Hay que hacer algo. ¡Esto no puede ser! —grita Enriqueta a los reunidos—. ¡Tenemos que luchar y defender el cámping!

—Sí, señor, bien dicho —grita Martínez, que está en primera fila.

Hasta la señora Bibiana y su marido participan.

—Podemos escribir a todos los periódicos y hablar con las cadenas de televisión —propone un cliente.

—Eso, eso... ¡Publicidad! ¡Todo el mundo tiene que saber qué pasa en Benisol! —dice Mario, el cocinero.

—¡Abajo la especulación capitalista! —grita de pronto la abuela Martínez— Es que mi padre era anarquista, cuando la guerra, ¿sabe usted? —le explica a un señor que está a su lado.

Al final, después de mucha discusión, deciden organizar una manifestación, en defensa de la conservación de la costa de Benisol.

Al día siguiente, Jaime va a buscar a Alba a la recepción.

—Esto no ha terminado —dice Alba—. Van a intentarlo otra vez, dentro de un tiempo. Esta gente es muy peligrosa. Solo les interesa ganar dinero rápido.

—Sí, pero de momento... La gente de Benisol está informada. Van a luchar.

—Eso espero. Quizá podamos estar un tiempo tranquilos. ¿Vienes a la playa a dar un paseo? Hace mucho calor, ¿no?

—¿Y tu tesis?

—Después. Necesito descansar un poco.

—Sí, han sido unos días muy intensos... —responde Jaime pensando en sus propios sentimientos.

—Muy intensos —dice Alba con una sonrisa cómplice.

—¡Qué romántico! —dice Chus, la peluquera, que los ve pasar—. No hay nada como el amor. ¿Verdad, Uwe?